AF439514

KARL MARX: O HOMEM E SUA OBRA
e Os Elementos Construtivos
do Socialismo

COLEÇÃO DUETOS

KARL DANNENBERG

1918

Traduzido por Sheila B Koerich

PARTE I
O HOMEM E SUA OBRA

PRIMEIRA PALESTRA

CAPÍTULO I

Provavelmente não há nome no movimento operário hoje ou no mundo científico, que é mais venerado e idolatrado do que o do fundador do socialismo científico: Karl Marx. No movimento proletário, o nome de Marx tornou-se sinônimo de solidez científica e exatidão irrefutável, por um lado, e também uma capa com a qual cobrir e rotular as mercadorias intelectuais mais espúrias, por outro. Nos círculos científicos, praticamente as mesmas condições prevalecem, apenas com a gratificante exceção de que aqui os corrompedores e corruptores de Marx: os Mallocks, Boehm-Bawerks, Skeltons e Simkhovitches, rapidamente encontram seu Waterloo nas mãos de um marxista competente, e assim são impedidos de realizar qualquer confusão adicional e danos materiais. Como sugerido acima, no movimento operário ou no movimento socialista propriamente dito, a tarefa não é tão simples, sim, muito mais difícil, e a razão para essa peculiaridade deve ser encontrada na espantosa ignorância prevalente entre os chamados socialistas marxistas em questões marxistas; além disso, no fato de que o corruptor e corrompedor de Marx, neste caso, geralmente continua seu trabalho, consciente ou inconscientemente pouco importa, em nome da propaganda socialista ou sob o manto do marxismo.

Com tantos de seus grandes predecessores, Karl Marx, no decorrer dos anos e através do caráter altamente científico de suas obras, foi gradualmente elevado à posição de um semideus infalível por verdadeiras legiões de adeptos. Milhares, sim, centenas de milhares de socialistas sinceros e bem-intencionados nunca se cansam de aclamar sua fidelidade aos ensinamentos deste grande economista, mas - e esta é uma verdade lamentável - muito raramente o buscador inquisitivo encontrará um discípulo entre essas massas que tenha lido ou estudado inteligentemente as obras de seu ídolo. Nada é mais repulsivo e nojento do que apenas esse endeusamento irrestrito de Marx: um endeusamento que, como toda idolatria, encontra sua fonte na ignorância das massas, e um endeusamento que é tudo menos um tributo a Marx e seus ensinamentos. Combater exatamente essas concepções divinas de Marx e familiarizar os trabalhadores com o significado social desse indivíduo verdadeiramente grande é um dos objetivos principais dessas palestras.

Agradeço plenamente a grandeza desta tarefa, também a impossibilidade de apresentar a vocês, mesmo que seja uma bela pena do homem, ou uma sinopse adequada de seu sistema teórico no tempo limitado de que disponho. Essas palestras, portanto, não pretendem ser exaustivas, nem devem ser consideradas um compêndio condensado ou um manual do marxismo facilitado. A literatura socialista já é abundantemente suprida com obras desse tipo, muitas das quais são excelentes, e ainda mais que teriam prestado um grande serviço à clareza socialista se não tivessem sido escritas.

Meu objetivo ao apresentar essas palestras é trazer o homem e a criatura social Marx para mais perto de você. Gostaria de interessar muitos de meus camaradas e companheiros aos ensinamentos deste mestre das letras socialistas. Para fazer isso com êxito, isto é, corretamente, devemos examinar as condições históricas e a atmosfera social mais imediata na qual Marx veio a ser e se desenvolveu. Ao se familiarizar com a vida de Marx e com as condições materiais distintas das quais esta vida foi apenas um produto, muito da adoração do herói hipócrita cairá no esquecimento e abrirá espaço para uma apreciação inteligente baseada na percepção do som. Se eu conseguir despertar e estimular o interesse de meus leitores a ponto de eles se esforçarem para estudar e se familiarizar com as obras de Marx, então acredito que o propósito dessas palestras foi cumprido.

Com essas poucas observações preliminares como uma bússola diante de nós, vamos embarcar em nossa jornada nos campos de Marx e do marxismo.

Já faz quase meio século que Marx apresentou ao mundo o primeiro volume de sua obra imortal "O Capital": uma obra que, pela primeira vez, desde o início do modo de produção capitalista, expôs as leis e as forças que governam esta estrutura econômica. Por meio da análise da produção capitalista, Marx expôs a fonte de todos os lucros e mostrou que esta repousa na apropriação da mais-valia dos trabalhadores. Sua teoria da mais-valia é um acréscimo valioso à economia política clássica e se baseia nas teorias de valor desenvolvidas por Petty, David Ricardo e Adam Smith, mas também complementadas e aperfeiçoadas por Marx. Com o auxílio dessa teoria, Marx demonstrou que embora o trabalhador sob o sistema de produção capitalista receba em última análise o valor total de sua força de trabalho, ele é, no entanto, explorado, porque produz mais desse valor, e não receber o valor total de seu produto.

Partindo da teoria do valor desenvolvida pela economia política clássica, da qual David Ricardo era o último representante, e que formulava que o valor de uma mercadoria é determinado pela quantidade de tempo de trabalho consumido em sua produção, Marx passou a analisar a única coisa o trabalhador deixou de vender, ou seja, sua força de trabalho, e também carimbou isso como uma mercadoria. E justamente nessa condição de mercadoria da força de trabalho ele concebeu a fonte de todo lucro e a fonte de toda riqueza acumulada. Marx apontou claramente que o valor da força de trabalho do trabalhador é determinado pela mesma lei que controla os valores de todas as outras mercadorias, a saber: que o valor da força de trabalho do trabalhador também é fixado pelo volume de tempo de trabalho socialmente necessário para produzir as mercadorias essenciais, para manter a vida de um escravo assalariado, ou seja, que os artigos - alimentos, roupas, abrigo, etc., - consumidos pelo trabalhador a fim de sustentar a vida, uma vida que é novamente fixada por um determinado padrão histórico e social, determinam o tamanho de seu salário. Marx agora mostra que, devido às suas peculiaridades físicas e à produtividade maravilhosa de nossa época, a força de trabalho é a única mercadoria que, no processo de consumo produtivo, rende muito mais do que seu valor, ou seja, muito mais do que precisa para se reproduzir. Ele ressaltou claramente que, onde todas as outras mercadorias quando consumidas rendem, mas o valor contido nelas, a força de trabalho rende muito mais do que seu valor, porque o trabalhador é a única mercadoria que produz ou rende muito mais do que o que é consumido em sua produção. E ele concluiu que todo trabalho realizado pelo trabalhador que exceda o trabalho necessário para mantê-lo vivo, ou para produzir o valor de seus salários, é trabalho excedente, ou trabalho excedente apropriado pelo comprador da força de trabalho do trabalhador, o capitalista.

Com a ajuda dessa teoria da mais-valia, ele foi capaz de explicar a causa e a natureza da crise ou pânico periódico na sociedade capitalista. Ele previu que, à medida que o capitalismo se desenvolvia, os mercados nos quais se dispor dos produtos excedentes, ou nos quais realizar a mais-valia extraída dos trabalhadores em casa, se tornariam mais escassos e as depressões industriais mais frequentes. E na contradição entre os aspectos sociais cada vez maiores da produção e as características crescentes da propriedade individual; na contradição de que o aumento da produtividade por um lado significa maior preguiça do outro; na contradição entre a superprodução e o subconsumo - uma contradição que ilustra de forma tão vívida a situação econômica do preguiçoso e do proletário explorado, respectivamente; e, finalmente, na contradição entre a criação social e a apropriação individual, contradição que é o dínamo da luta de classes, Marx viu o colapso inevitável do sistema capitalista de produção.

Ao cimentar suas deduções econômicas com seu sistema filosófico de desenvolvimento histórico, conhecido como Materialismo Histórico, ele foi capaz de delinear e formular claramente a missão histórica dos trabalhadores, uma missão baseada em condições econômicas difíceis e claramente fluindo de e verdadeiramente em de acordo com os interesses de classe do proletariado. Como afirmado antes, esses interesses que ele encontrou eram apenas o produto lógico das condições materiais subjacentes à produção capitalista: condições que deveriam tornar os trabalhadores conscientes de seus interesses de classe, e desenvolver-se a tal clímax onde a expropriação dos expropriadores se tornaria um ditame da evolução histórica: onde a propriedade social individual daria lugar à propriedade individual social, como o próximo passo no processo dialético de desenvolvimento social.

Praticamente cinquenta anos se passaram desde a publicação do primeiro volume de "O Capital" e a formulação das teorias que acabamos de abordar. E em 14 de março deste ano de 1917, fará trinta e quatro anos desde que Karl Marx se foi de nós. Nestes dias de pressa e correria, trinta e quatro anos parecem uma verdadeira idade. Quantas refutações, correções, revisões e aniquilações do marxismo não fomos obrigados a testemunhar neste curto espaço de tempo? Deixe-me lembrá-lo novamente dos Brentanos, Mallocks, Simkhovitches, Skeltons, Boehm-Bawerks, Bernsteins e consortes. Considere os volumosos tomos, altamente elogiados por periódicos capitalistas e fósseis de professores, eles escreveram em sua valente tentativa de derrubar o sistema teórico de Marx; considere como as escolas combinadas de economia vulgar trovejaram durante anos contra as premissas teóricas deste economista proletário; considere como esses capangas do capital, em face de fatos e números irrefutáveis, em face de condições inegáveis, procuraram por meio da intimidação e da fraude ignorar, sufocar e finalmente corromper as deduções econômicas e filosóficas de Marx; considere bem esses eventos e faça um inventário dos resultados alcançados. Você descobrirá que a maioria dos livros "eruditos" escritos para refutar o marxismo foram banidos ao esquecimento ou, provavelmente, atuam como absorvedores de poeira nas prateleiras de várias bibliotecas. Claro, os Mallocks, Skeltons e Boehm-Bawerks ainda estão conosco e exercendo seu comércio vigorosamente como sempre. Suas efusões teóricas, entretanto, são consideradas tão sérias quanto antes? Não, eles neutralizaram o efeito de suas vaporizações teóricas com o veneno de suas idiossincrasias passadas, para usar um termo moderado. Apenas um oponente citado acima teve a coragem das convicções de admitir seus erros e foi o oponente mais forte do marxismo na Europa, o pai do revisionismo - Eduard Bernstein. Bernstein admitiu abertamente que estava errado em suas deduções sobre o desenvolvimento capitalista; desde a eclosão da guerra, ele repudiou o Revisionismo e os Revisionistas e é hoje o principal colaborador de Karl Kautsky, o maior expoente do marxismo no mundo. No geral, os economistas burgueses, em sua tentativa de refutar a teoria do valor e mais-valia de Marx e as deduções lógicas que dela decorrem, ou em seus esforços inúteis para refutar a concepção materialista da história falharam, sim, falharam miseravelmente.

E quantos experimentos, experimentos "práticos" ao longo das linhas de reformas açucaradas, trabalho de elevação social e sucos filantrópicos não foram lançados, a fim de exterminar por demonstração prática o ódio de classe (entenda consciência de classe) inerente à concepção marxista da sociedade, e tão grandiosamente simbolizado pelo proletariado em luta, consciente de seu objetivo. Esses esforços cumpriram sua tarefa? As clivagens de classe foram superadas ou o antagonismo abolido? A identidade entre Capital e Trabalho hoje é uma realidade? E, finalmente, a luta de classes, essa invenção diabólica de satanás, foi substituída pela harmonia social? O espectro do comunismo deixou de assombrar a Europa desde a publicação do Manifesto Comunista? Quando olhamos para a sociedade hoje, e comparamos as gigantescas acumulações de riqueza nas mãos de um número cada vez menor de capitalistas, por um lado, com a, relativamente falando, dependência e miséria de um proletariado sempre crescente, por outro; quando comparamos as lutas colossais entre os ladrões e os explorados de hoje com as lutas comparativamente pigmeus do passado; e quando comparamos as relações sociais entre o capitalista feudal e o trabalhador escravizado de nosso atual capitalismo oligárquico com as relações entre capitalista e trabalhador de até cinquenta anos atrás, então todo estudante imparcial admitirá que as demarcações de classe são mais nítidas, o os interesses das classes em conflito são mais opostos, e a luta de classes estará mais vigorosa hoje do que nunca. E, fiel à concepção marxista do capitalismo, as linhas de classe continuarão a se tornar mais distintas e a luta de classes correspondentemente mais intensa, as depressões industriais mais frequentes e o lote do trabalhador mais inquieto, à medida que o modo de produção capitalista atingir formas cada vez mais elevadas em seu desenvolvimento. Resumindo: hoje, mais lucidamente do que nunca, as deduções e princípios econômicos e filosóficos de Marx são verificados e justificados pela força da experiência passada e pelos fatos da atualidade - um oásis intelectual no deserto da economia vulgar.

E os ensinamentos do fundador, do socialismo científico, não foram apenas verificados pelos fatos inegáveis da evolução econômica, mas também por uma consciência de classe crescente correspondente que acompanha esse processo histórico inexorável. Quando Marx foi para o descanso eterno em 1883, já mais do que a proverbial dúzia de padeiros haviam declarado sua fidelidade ao socialismo: foi o período em que centenas e milhares seguiram o padrão de emancipação da classe trabalhadora - o alvorecer do capitalismo moderno e o estágio embrionário no desenvolvimento do movimento operário moderno. Hoje milhões de deserdados em todo o mundo se reúnem em torno da bandeira dedicada ao proletariado por Marx: uma bandeira verdadeiramente expressiva das demandas da necessidade econômica e social, e simboliza os ideais e a missão histórica da classe trabalhadora - a destruição do político estado de classe e a inauguração da República Industrial.

CAPÍTULO II

Após a morte de Marx, Friedrich Engels escreveu, entre outros, a Wilhelm Liebknecht: "A maior mente da segunda metade de nosso século deixou de pensar." Ele termina sua carta patética com a seguinte homenagem brilhante: "O que quer que sejamos, somos por meio dele; e qualquer que seja o movimento de hoje, é por meio de seu trabalho teórico e prático; sem ele, ainda estaríamos presos na lama da confusão."

Essas palavras podem parecer pretensiosas e ilógicas, especialmente quando ditas por um materialista histórico, mas quando consideramos a reputação científica de seu autor, elas merecem atenção e respeito. Elas parecem mais pretensiosas, quando consideramos que o século XIX foi particularmente representativo de grandes homens. Não foi este também o século que produziu um Darwin, um homem que alcançou os mesmos resultados no campo da biologia que imortalizou o nome de Marx nos anais das ciências sociais? Assim como Marx investigou e desnudou as grandes forças motivadoras e as leis sociais que atuam e impulsionam o desenvolvimento da sociedade de um estágio inferior para um superior, Darwin descobriu e apontou os poderes dinâmicos e as leis da natureza que obrigam a vida em sua forma mais simples para desenvolver organismos semelhantes a cadeias sem fim em organismos mais complicados. No entanto, ao comparar criticamente Marx com Darwin, parece-me que o elogio de Engels é justo. Na minha humilde opinião, Marx era a personalidade mais forte e diversificada. Em Darwin, celebramos o estudioso, que buscou e acumulou conhecimento com o objetivo de conhecer e apresentar suas descobertas. Seu campo estava longe do conflito social, e suas descobertas, comparativamente falando, não afetaram o destino social e os interesses de classe de certas camadas sociais de maneira tão vital, como fez a aplicação do princípio evolucionário de Marx à História e à Economia Política. Em Marx, notamos uma mistura do cientista zeloso e investigador, que anseia por clareza e verdade, com o homem de ação e feitos - o revolucionário. Darwin se limitou a, ou pelo menos foi forçado a se limitar ao estabelecimento das leis que atuam na vida, ou seja, àquilo que estava e está na natureza. Depois que Marx descobriu as leis de ferro que governam o desenvolvimento social, depois de ter estabelecido essas leis no livro didático do proletariado, "O Capital", ele não ficou satisfeito com suas realizações. Marx estudou para colocar suas descobertas a serviço do desenvolvimento social: para participar ativamente na luta pela Comunidade Socialista. Ele desejava saber, para que pudesse agir, e queria estar bem equipado para a tarefa atribuída a ele e a seus camaradas com consciência de classe pelo curso implacável dos eventos históricos. Para ele, clareza filosófica implicava clareza filosófica para os trabalhadores; da mesma forma que vemos toda a sua atividade irradiando de uma premissa consciente de classe e inaugurada apenas com o propósito de abolir o domínio de classe. Ele apreciou muito, com a ajuda da concepção do Materialismo Histórico, o grande papel que o proletariado teve que desempenhar no avanço da sociedade a um estágio superior da civilização; ele sabia que a evolução social havia formulado essa posição dos trabalhadores na luta social, mas também sabia que os trabalhadores deveriam primeiro tomar consciência de sua missão histórica para cumpri-la com sucesso - para desejar realizá-la.

Escrevendo sobre a relação da filosofia com a atividade da classe trabalhadora no Deutsch-Französische Jahrbücher (Anais germano-franceses), ele dá o seguinte conselho a seus amigos de outrora, os jovens hegelianos: "Não se pode realizar uma filosofia sem abolir isto." No entanto, ele não esqueceu o que havia aprendido com eles, e dirigindo-se à burguesia disse: "Não se pode abolir uma filosofia sem perceber. Assim como a filosofia encontra no proletariado suas armas materiais, o proletariado encontra na filosofia suas armas intelectuais. O chefe da emancipação é a filosofia, seu coração é o proletariado. A filosofia não pode ser realizada sem a abolição do proletariado, e o proletariado não pode se abolir sem a realização da filosofia." Se os leitores substituírem a palavra filosofia pelo socialismo, a última frase será: O socialismo não pode ser realizado sem a abolição do proletariado, e o proletariado não pode se abolir sem a realização do socialismo.

Antes de entrarmos no exame dos detalhes da vida de Marx, detalhes que são tão interessantes quanto abundantes e que em sua totalidade fornecem a soma total desta vida turbulenta, submetamos o imediato e também o ambiente social mais amplo a partir do qual e no qual Marx cresceu e se desenvolveu a um exame casual. Acredito ser essencial ter pelo menos um conhecimento geral do contexto social e histórico que obscurece e influencia cada passo na vida desse gênio, antes que você seja capaz de compreender e apreciar as fases detalhadas de sua tumultuada carreira de forma inteligente.

Considerando a ascendência de Marx, Klara Zetkin, uma profunda erudita marxista, observa: "As teorias costumeiras nos falham, quando propomos a questão de como essa grande personalidade, esse pensador genial, cresceu e veio a ser. Os pais de Marx eram pessoas boas e inteligentes, embora em nenhum sentido intelectualmente superior à média. Nem os anais familiares da mãe ou do pai apontam para qualquer ancestral cujos dotes intelectuais e características nos lembrem ou sejam comparáveis aos de Marx."

Wilhelm Liebknecht, que por anos compartilhou os dias difíceis do exílio com Marx em Londres, escrevendo sobre este assunto afirma: "Em 5 de maio de 1818, em Treves - a cidade alemã mais antiga - entre os monumentos da civilização romana e em meio à recente vestígios da Revolução Francesa que limpou a província renana do lixo medieval, um filho nasceu em uma família judia: Karl Marx. Apenas quatro anos se passaram desde que a província do Reno fora ocupada pela Prússia, e os novos senhores se apressaram, a serviço da 'Santa Aliança', para substituir o pagão-francês por um espírito cristão-alemão. Os pagãos franceses proclamaram os direitos iguais de todos os seres humanos na Renânia alemã, e removeram dos judeus a maldição de um mil anos de perseguição e opressão, fizeram deles cidadãos e seres humanos. O espírito cristão-alemão da "Santa Aliança" condenou o espírito pagão-francês de igualação e exigiu a renovação da velha maldição.

"Pouco depois do nascimento do menino, um édito foi emitido deixando a todos os judeus nenhuma outra escolha a não ser serem batizados ou renunciar a todas as posições e atividades oficiais."

"O pai de Marx, um proeminente advogado judeu e tabelião no tribunal do condado, submeteu-se ao inevitável e, com sua família, adotou a fé cristã."

"Vinte anos depois, quando o menino cresceu e se tornou um homem, ele deu a primeira resposta a esse ato de violência em seu panfleto sobre a Questão Hebraica. E toda a sua vida foi uma resposta e foi uma vingança."

"O pai de Marx," escreve a filha de Marx, "era um homem de grande talento e totalmente imbuído das ideias francesas do século XVIII sobre religião, ciência e arte; sua mãe era descendente de judeus húngaros que se estabeleceram na Holanda no século XVII. Entre seus primeiros amigos e companheiros estavam Jenny - mais tarde sua esposa - e Edgar von Westfalen. Foi o pai deles - meio escocês - que inspirou Marx com seu primeiro amor pela escola romântica; e enquanto seu pai lia Voltaire e Racine para ele, Westfalen lia Homer e Shakespeare. E esses continuaram sendo seus autores favoritos."

Parece-me que as potencialidades mais desejáveis da raça judaica viviam em Marx. Encontramos nele o buscador incansável da verdade; o buscador que escalou picos de montanhas solitárias e se esforçou para arrancar do arbusto ardente aquilo que a humanidade buscou e se esforçou desde o início da cultura: o conhecimento da vida. Além disso, encontramos aqui também o apego tenaz às convicções e a alegria da fé e devoção a uma causa: características que são todas predominantes na raça judaica. Então encontramos nele a fúria flamejante contra a injustiça e a escravidão, e aquele forte sentimento fraterno desenvolvido, que, segundo uma lenda bíblica, levou Moisés a cerrar o punho para golpear o egípcio que estava maltratando um irmão de sua raça. No entanto, todas essas características não possuem nada tipicamente judeu ou racial, porque sua singularidade não foi desenvolvida na reclusão sectária e porque são combinadas ou estimuladas por um cosmopolitismo totalmente estranho ao sectário ortodoxo: um cosmopolitismo que destrói as fronteiras do credo, cor ou raça, e que se expressa pela irmandade dos homens com base na igualdade econômica. No entanto, onde quer que os dotes naturais de Marx, características que se encaixam singularmente e são, sem dúvida, em grande medida o produto das exigências da hora histórica, podem surgir de pouca importância, especialmente quando notamos que em suas manifestações eles sempre foram colocados a serviço do progresso desinteressado em geral e pela causa dessa classe, ordenada para ser a vanguarda de todo o progresso, em particular - a classe trabalhadora.

Sabemos que o berço de Marx estava naquela parte da Alemanha que havia sido varrida e completamente limpa do lixo medieval pelos ventos libertadores e revigorantes da Revolução Francesa. E, se levarmos em consideração que a Renânia faz fronteira estreita com aquele país, que no início do século XV foi o primeiro a dar expressão aos sentimentos e interesses burgueses; um país no qual o capitalismo, ainda encerrado em seu ventre feudal, amadureceu primeiro; um país que naquela época produziu um Erasmus e um Spinoza - a Holanda; então não o surpreenderá, quando enfatizo que a Província Renana é hoje e sempre foi a sede mais clássica do capitalismo na Alemanha, logo, também a província mais progressista da Prússia ou do Império Alemão. Durante a infância de Marx, a pulsação do grande levante francês ainda era sentida na Renânia e era claramente visível na ousada posição assumida pela burguesia contra os poderes da reação - um espírito que permaneceu ininterrupto e atingiu suas alturas mais magníficas nos dias turbulentos de 1848.

E agora chegamos a uma época em que Marx desenvolveu e trabalhou para promover seus pontos de vista e ideais: o período de sua vida e o período do capitalismo vitorioso e avançado. A Inglaterra havia praticamente conquistado o domínio sobre os mercados do mundo. A França, ou pelo menos o capitalismo francês, estava organizando gigantescas acumulações de riqueza para exploração. Nos anos de 1860, Marx vê como o capitalismo vitorioso invade a Áustria, a Itália, sim até a Boêmia. Ele também é compelido a testemunhar a libertação dos servos por Alexandre II, e assim recebe indicações válidas de que o capitalismo também começou a revolucionar o império do "pequeno pai". Ele ainda observa como a produção capitalista se espalha pelo oceano e como o novo mundo também sucumbe às irresistíveis forças econômicas que contribuem para o progresso social. Em toda parte ele vê as forças avançando, os poderes dinâmicos da produção capitalista, minando e destruindo as velhas bases econômicas e colocando em seu lugar dispositivos mais competentes para levar adiante o processo de produção. E, com certeza, essas revoluções econômicas estavam fadadas a ser seguidas por levantes políticos correspondentes, cujo objetivo era adaptar as instituições políticas para atender às exigências das novas e alteradas condições econômicas. A nova sociedade capitalista em formação não era exceção à regra: o século XIX pode ser corretamente chamado de um século de revoluções políticas.

Desse modo, o desenvolvimento histórico apresentado ou difundido aos olhos de Marx um material econômico e político incomparável: dados tão importantes para o olhar perscrutador de um estudante quanto a bússola para o destino de um navio. Esse desenvolvimento era internacionalmente concebível com tanta clareza quanto o crescimento de plantas em uma estufa, e muito naturalmente atraiu a atenção e animou os intelectos perscrutadores mais profundos do mundo para explicar as forças subjacentes a esse processo gigantesco. No entanto, que Marx foi capaz de penetrar e dominar essa grande, múltipla e caótica massa de material, que foi capaz de cristalizar os resultados de sua investigação de uma forma tão clara quanto o cristal, ele deve à filosofia clássica alemã. Essa filosofia deu-lhe o equipamento científico, o treinamento científico, sem os quais suas realizações teriam sido impossíveis.

Quando o jovem Marx, impregnado de um desejo insaciável pela verdade, começou a questionar as leis da evolução social, o sol da filosofia e da arte clássicas já se punha na Alemanha. Seu esplendor e calor, entretanto, ainda permeavam a atmosfera intelectual desse período. A grande filosofia de Hegel continuou a afetar, influenciar e viver particularmente nas mentes progressistas. Esta filosofia concebia tudo o que existe ou em estado de criação, seja na natureza ou na sociedade, como o resultado de um processo harmonioso e bem regulado de evolução: uma evolução que em seu fluxo contínuo destrói e cria, e cuja causa final pode ser concebida na autoafirmação ou movimento da ideia absoluta. De acordo com essa concepção, a evolução é estimulada ou chicoteada pela luta de contradições ou antíteses: uma luta que geralmente ou finalmente termina com a união ou o amálgama dos elementos em conflito em uma unidade superior. Regida pela ideia de evolução, a filosofia de Hegel não abordou os objetos de sua investigação como criações completas e fixas, que são as mesmas na vida e na morte, mas em sua rica diversidade de crescimento e declínio, ou seja, em suas várias expressões ou manifestações de vida. Este sistema de pesquisa era conhecido como o método dialético. O jovem Marx sentia em Hegel um intelecto agradável, cujos ensinamentos o atraíam com um poder irresistível. Estes ensinamentos têm sido um fator determinante em seu desenvolvimento e trabalho. Marx, mais do que qualquer outro homem, aceitou o legado de Hegel: um legado que ele encontrou no conceito de evolução. No entanto, como Engels comenta tão afirmativamente: ele colocou esta concepção, de pé, sobre sua cabeça, sobre os pés. Ele procurou as forças motrizes da vida histórica não fora da natureza ou da sociedade, não na ideia mística absoluta de Hegel, mas no que diz respeito à história, na própria sociedade: nas condições de produção e intercâmbio. De que maneira, porém, e com a ajuda de que forças estas condições se manifestam e obrigam ao reconhecimento, ou seja, por quais forças o desenvolvimento econômico e social é impulsionado, também as leis subjacentes a estes movimentos, sobre estas questões Marx lançou luz com a ajuda do modo dialético de investigação: um método que ele havia aceitado de Hegel e aplicado com um domínio soberano.

CAPÍTULO III

Depois que o jovem Marx se formou com louvor na Escola Secundária Trier, ele se matriculou na Universidade de Bonn. Era o maior desejo de seu pai, ver seu filho também um membro da profissão jurídica - um desejo, no entanto, que não se concretizou. Em Bonn, ele passou vários mandatos sem seguir nenhum estudo definitivo e, em 1836, encontramos Marx na Universidade de Berlim. Aqui ele foi pela primeira vez posto em contato com a filosofia de Hegel e alguns jovens-hegelianos proeminentes como Bruno Bauer, David Strauss, Ludwig Feuerbach etc., que o ajudaram. À medida que crescia seu interesse por esses problemas e estudos, seus estudos nominais ou *"Brotstudium"* [Estudo do Pão], como os alemães chamam o trabalho árduo de uma renda, foram tristemente negligenciados e afastados cada vez mais do centro de seu trabalho e de seus planos e aspirações futuras. No entanto, como um filho zeloso, ele continuou esses estudos, mas sem grande entusiasmo ou sucesso, e pela única razão de evitar um conflito com o pai e criar uma fonte de renda para o futuro. Ele também era um amante apaixonado e noivo de Jenny von Westfalen, sua companheira de brincadeiras ligeiramente sênior e a donzela mais bonita e refinada de Trier. Quando lemos alguns dos poemas da juventude de Marx, podemos quase perceber o amor consumidor que ele nutria por sua amada, e também quão ansiosamente ele esperava pelo dia do casamento deles, e quão feliz ele teria apresentado um futuro seguro e ensolarado como um presente de casamento para sua Jenny.

No entanto, mais forte do que qualquer outro desejo, ardia em

Marx um anseio por conhecimento - um desejo de saber. Com uma sede insaciável, ele iniciou o estudo das várias ciências, no entanto, especializando-se em filosofia e história. Ele consultou tratados acadêmicos, a vida contemporânea e dissecou cuidadosamente e questionou os sistemas científicos. O estudo excessivo e também o extenuante conflito interno entre o desejo febril de clareza e o dever inexorável colocavam em risco sua saúde. O futuro também foi obscurecido por um conflito ameaçador com seu pai. Uma morte prematura de Heinrich Marx, no entanto, salvou Marx dessas cenas desagradáveis. O jovem permaneceu firme em sua determinação. Com tenaz perseverança, ele se dedicou a seus propósitos e objetivos na vida; ele lutou bravamente com as ciências; labutou incessantemente e incessantemente para alcançar resultados; e ele foi recompensado por seus esforços incansáveis, não da noite para o dia, veja bem, mas depois de muitos anos de pesquisa profunda e cuidadosa. Desejoso de saber e desejoso de fazer as coisas, Marx, como discípulo de Hegel, mergulhou na história e, em particular, na história de seu tempo, em busca da ideia absoluta: a ideia que governa e impulsiona tudo na vida. Ele desejava estudar as manifestações dessa força no progresso intelectual do povo, na forma e nas instituições da vida social; ele desejava ver a direção e apontar seus efeitos com clareza, a fim de poder servir a evolução conscienciosamente. No entanto, esse processo de auto iluminação o prendeu a princípio, fora de algumas dúvidas fecundas, apenas alguns pontos de partida para sua concepção posterior da história. Só depois de anos ele encontrou, em vez da ideia absoluta, o verdadeiro poder impulsionador do desenvolvimento social; ele encontrou a força que moldou, determinou e influenciou as ideias na história desde os dias em que a sociedade se organizou sobre a propriedade privada, a saber: as lutas de classes, que por sua vez são desencadeadas e têm sua origem e finalidade nas condições de produção e troca prevalecente em uma comunidade em um determinado período histórico.

Antes que ele pudesse chegar às conclusões acima, antes que ele pudesse formular suas descobertas em uma teoria clara e científica, as condições o obrigaram a interromper seus estudos, e com uma dissertação sobre a "Filosofia de Epicuro" ele se formou, embora não presente, na Universidade de Jena em 1841, recebendo o grau de doutor em filosofia. Ele esperava e nutria a ambição afetuosa de servir à causa da liberdade intelectual, tornando-se professor em uma das universidades alemãs, mas a demissão de seu amigo Bruno Bauer em Bonn mostrou que essa expectativa era um sonho: uma miragem em um deserto de intolerância burocrática. E quando hoje comparamos esses eventos com as condições em nossas universidades e outros lugares de aprendizagem, quando tomarmos o disciplinamento e a demissão espetacular e injustificada de Scott Nearing da Universidade da Pensilvânia como uma analogia, seremos compelidos a concluir que essas instituições são como antigamente dominados pelos interesses de classe da burguesia e tudo o mais, exceto agências de livre pensamento e investigação: A liberdade acadêmica sempre foi e é um fetiche em cujo altar são sacrificadas frases sonoras, mas que como tantos de nossos "direitos inalienáveis" é, na realidade, apenas uma das muitas mentiras convencionais.

Diante desses obstáculos intransponíveis, Marx decidiu se tornar um escritor. Em 1842, ainda residente em Bonn, passa a contribuir para o "*Rheinische Zeitung*", publicado em Colônia, e cuja redação assume logo em seguida. Este jornal foi fundado por um círculo de capitalistas da Renânia com consciência de classe; pretendia ser o órgão oficial da burguesia renana e, como tal, defendia de forma moderada as mudanças e liberdades constitucionais concebidas e beneficiadas pela classe capitalista. Ele se emburrou contra os chamados poderes da monarquia, aristocracia e burocracia ordenados por deuses; mas, como um todo, o jornal apresentava uma oposição um tanto fraca - mas era pelo menos uma oposição às forças de reação tão dominantes e provocantemente brutais na Prússia antes dos memoráveis dias de março de 1848. Sob a orientação editorial de Marx, essa oposição ganhou em força e nitidez. Ele atacou a censura e defendeu sua abolição, expressando a demanda por uma imprensa livre e irrestrita. Como escritor político, criticou severamente os procedimentos da Dieta Renana, e também detectamos aqui as primeiras manifestações de um despertar do interesse pelo Homem: nas condições econômicas. Ele se debate seriamente com esses problemas para obter uma concepção clara, mas também sente aqui a insuficiência da filosofia de Hegel. O problema dos roubos de madeira e da pobreza entre os viticultores do Mosel forneceram a Marx material real a esse respeito. Esses camponeses foram alternadamente explorados e oprimidos pelos funcionários do governo ordenado por Deus e usurários inescrupulosos, e encontraram em Marx um advogado caloroso e destemido.

A luta em favor desses camponeses empobrecidos era um espinho nas laterais do governo, e apenas aumentava a já longa lista de crimes de traição e atos indesejáveis cometidos por este agora formidável oponente. Em breve e mediante decreto explícito de Wilhelm IV a supressão do "*Rheinische Zeitung*" foi ordenada. Marx estava, naquele momento, praticamente sem qualquer meio de apoio, e isso o deprimia ainda mais, sem um campo de atividade pública, e sem a menor possibilidade de criar tal campo na Alemanha. Em menos de dois anos, Marx percebeu com força que qualquer trabalho que visasse a libertação da Alemanha da dominação feudal era quase impossível em solo alemão. Ele, consequentemente, decidiu ir para Paris - o centro da vida política e das aspirações libertárias. Antes de sua partida, ele se casou com Jenny von Westfalen após um namoro de sete anos.

A base material para o sustento da família em Paris seria criada pelos "*Deutsch-Französischen Jahrbücher*" ("Anais franco-alemães"), que Marx considerou publicar em colaboração com Arnold Ruge. O "*Deutsch-Französischen Jahrbücher*" seria um fórum para a livre expressão e cultivo do pensamento radical; o periódico seria um desafio literário lançado aos elementos conservadores e estéreis da Europa; e, finalmente, pretendia tornar-se um fator na condução, organização e esclarecimento intelectual das forças republicanas ou democráticas na Alemanha. Como tal, os anais estavam destinados a se tornar um meio para a continuação, o desenvolvimento e o aperfeiçoamento da pesquisa e dos estudos de Marx sobre as forças motrizes e as leis da vida social. A este respeito, pode ser interessante citar as seguintes linhas de uma carta que Ruge dirigiu a Feuerbach sobre este assunto. Entre outros, Ruge escreve:

"Pretendemos publicar os 'Anais franco-alemães' em um país estrangeiro, e desejamos descartar inteiramente o lixo escolar medíocre dos antigos almanaques com o objetivo de nos unirmos a franceses proeminentes como Leroux, Proudhon, Louis Blanc, pode ser Lamartine - Lammendis e Cormenin provavelmente não são obteníveis ou utilizáveis - a ponto de tê-los contribuindo diretamente para a revista (o francês pode ser lido por todos) e também para atuar no conselho editorial, título e perspectiva, emitiremos juntos e, assim, de repente estabeleceremos a aliança intelectual dessas duas nações."

A primeira e última cópia dos "Anais franco-alemães" apareceu em março de 1844, como um número duplo; consistia em 236 páginas e continha contribuições de Marx, Engels, Ruge, Heine, Bakunin, Herwegh, Feuerbach e vários outros. Uma série de causas é responsável pelo fracasso precoce desse empreendimento de grande crédito. Primeiramente os recursos financeiros do empreendimento eram insuficientes e praticamente consumidos na publicação do primeiro fascículo. Em segundo lugar, as condições na Alemanha não eram propícias à vida e ao desenvolvimento do periódico. Na Alemanha, sua circulação foi proibida, e o contrabando dos livros pela fronteira acarretou altos custos e dificuldades ingratas. Nem a colaboração dos escritores franceses, como antecipada e solicitada, se materializou. Finalmente, o rompimento e desacordo eterno de Marx com Ruge foi uma causa tributária que ajudou a minar a vida jovem do periódico. Marx, que por meio de sua concepção filosófica histórica criava diariamente um abismo maior entre ele e seus associados, foi incapaz de aceitar ou subscrever as opiniões de Ruge sobre muitos tópicos importantes, até que essas diferenças culminaram em uma disputa aberta que finalmente levou a um rompimento de conexões. Esses dias tempestuosos de lutas e incertezas atingiram seu clímax, quando, em 1845, Marx foi expulso de Paris pelo governo liberal daquele cidadão-rei fossilizado, Louis Phillipe. Por trás desse ato, os esforços incansáveis do governo prussiano eram claramente visíveis: um governo que, dessa maneira sub-reptícia, buscava satisfazer seu desejo básico de vingança contra o odiado e temido revolucionário.

Pobre em bens materiais, mas rico em valores intelectuais, Marx e sua jovem esposa foram obrigados a deixar Paris em busca de um novo exílio. Em Paris, ele concluiu definitivamente seu discurso com o hegelianismo, ou seja, com a concepção hegeliana que proclamava a ideia absoluta como a força motriz da evolução histórica. A grande Revolução Francesa serviu-lhe como uma mina de tesouros históricos, da qual extraiu lição após lição de significado social. E o estudo profundo dessa época gigantesca da evolução da humanidade, tão habilmente estabelecida em "A Sagrada Família; ou "uma crítica contra Bruno Bauer e seus seguidores", finalmente amadureceu sua concepção materialista da história. Nas manifestações deste período de convulsões colossais, ele encontrou a verdadeira força potencial que pôs em movimento a ideia, a força por trás de toda atividade ideológica, e a força que foi a geradora desta e de todos os dramas históricos anteriores, a saber: o luta de classes. E a formulação dessa concepção também lhe forneceu uma explicação da vida apaixonada e turbulenta em Paris - uma vida que foi apenas a precursora da revolução de fevereiro. Com a ajuda do material recolhido em Paris, ele foi capaz de estimar o valor que os elementos de produção e troca desempenharam na evolução social e, finalmente, concluiu que essas foram as forças determinantes em última instância, os chamados poderes básicos, no desenvolvimento social. Em seu livro "A Sagrada Família", dirigindo-se a seus antigos camaradas hegelianos sobre este assunto, ele lança sobre eles as seguintes questões expressivas: "Será que esses senhores pensam que podem compreender a primeira palavra da história, desde que excluam as relações de do homem para a natureza, as ciências naturais e a indústria? Eles acreditam que podem realmente compreender qualquer época sem compreender a indústria da época, o método imediato de produção na vida real?"

Zombado com essa chave teórica, Marx foi capaz de discernir, dissecar e explicar a complicada e confusa atmosfera política na França, bem como em outros países europeus. Em toda parte, os raios poderosos lançados pelo holofote do materialismo histórico penetraram nos equívocos superficiais, mas populares, das questões políticas; em todos os lugares, eles expuseram as leis mais profundas e subjacentes da atividade social; e em todos os lugares eles traçaram a força básica, animando essa atividade e formulando essas questões, até as condições materiais da sociedade. E quando Marx averiguou os fatores que governam a atividade social e descobriu que eles repousavam no sistema de produção prevalecente de um dado período histórico, então ele também encontrou a resposta para a questão do resultado final da guerra de classes: a resposta que continha o objetivo e o curso para a futura atividade da classe trabalhadora.

É a Friedrich Engels que Marx deve as sugestões fecundas que levaram a esta descoberta revolucionária e marcante. Engels, cheio de aspirações libertárias e em sua fase de vida "Tempestade e Ímpeto" [movimento literário romântico alemão, que ocorreu no período entre 1760 a 1780], viera a Paris em 1844. Conheceu Marx e rapidamente se apegou a ele. Este conhecimento resultaria em uma amizade para toda a vida: uma amizade que seria cimentada por muitos anos de colaboração literária e atividade no movimento operário, e que fornece um testemunho silencioso da bela devoção com que essas mentes mestres serviram à causa incorporando seus princípios e ideais - a causa dos trabalhadores deserdados e explorados.

Engels também se formou na escola hegeliana. No entanto, não foi a História que aguçou e treinou sua visão para perceber as leis do desenvolvimento social, mas as condições industriais da Inglaterra capitalista altamente desenvolvida. Engels era filho de um proeminente fabricante de Barmen, uma cidade industrial altamente desenvolvida na província do Renano, que mantinha muitas relações comerciais com a Inglaterra e tinha uma filial de sua empresa em Manchester. A prática comercial real deu-lhe uma visão completa da estrutura e das várias fases do capitalismo, e sobre essa base sólida ele baseou suas concepções finais do papel desempenhado pelas condições de produção e troca na evolução histórica. Em conjunto com essas observações práticas, os terríveis efeitos do sistema capitalista na Inglaterra relampejaram a importância da propriedade privada sob a produção capitalista em sua mente, e expôs a ele a fonte das inúmeras contradições tão peculiares à sociedade capitalista. Seguindo esses pensamentos até sua conclusão lógica, era apenas natural, e também apenas a consequência de uma concepção histórica firmemente estabelecida, conceber a necessidade econômica de converter a propriedade privada dos meios de produção em propriedade comunista. E nas conclusões e apreciações acima grosseiras, imperfeitas e ainda vagas, podemos ver a matéria-prima a partir da qual foi construída a concepção do Materialismo Histórico e que junto com essa teoria forneceu os elementos básicos necessários para o estabelecimento do Socialismo científico. Cabia a Marx e Engels esclarecer, ampliar e desenvolver essas verdades elementares, e isso eles realizaram com maestria em muitos anos de esforços conjuntos. Hoje, o fruto desses esforços pode ser visto na filosofia socialista clássica: uma filosofia que resistiu aos ataques das mentes da inteligência burguesa; uma filosofia, que fornece conhecimento científico e incontestável relativo à causa, objetivo, forças motrizes e curso da vida histórica; e uma filosofia que é verdadeiramente o farol do proletariado na sua luta pela emancipação.

A luta intelectual desses dois homens por clareza, esse processo lento e cheio de dúvidas, especulações e autocríticas implacáveis, produziu documentos brilhantes. Nestes dias, Marx escreveu "*Zur Kritik der Hegelschen Rechtsphilosophie*" (uma crítica à Filosofia do Direito de Hegel), "*Zur Judenfrage*" ("Sobre a Questão Judaica"), sendo uma resposta ao tratamento metafísico de Bruno Bauer do assunto como vislumbrado por um histórico materialista e "*Die Heilige Familie*" ("A Sagrada Família"), para a qual já me referi no parágrafo anterior, e para a qual também contribuiu Engels. Em Engels, encontramos "*Umrisse zu einer Kritik der Nationalokonomie*" ("Um esboço para uma crítica da economia política"), "*Die Lage Englands*" ("Situação da Inglaterra") e, mais tarde, aquele estudo sociológico magistral "*Die Lage der Arbeitenden Klasse em Inglaterra*"("A Condição da Classe Trabalhadora na Inglaterra em 1844").

Durante sua curta estada em Paris, Marx também se familiarizou com os vários sistemas e seitas dos socialistas franceses. Particularmente nestes anos de agitação revolucionária, seus ensinamentos gozaram de certa popularidade em Paris, especialmente entre os trabalhadores e a pequena burguesia. Para Marx, como um estudioso de todas as manifestações sociais, essas tendências socialistas eram intensamente interessantes. Ele havia recebido poucas e incompletas notícias dessas atividades na Alemanha e, como um investigador e estudante consciencioso, era avesso a formar uma opinião ou chegar a uma conclusão até que os fatos estivessem à sua disposição e fossem examinados. Sua estada em Paris permitiu-lhe receber informações em primeira mão e estudar os aspectos teóricos e práticos desses movimentos em suas fontes originais. O primeiro produto deste trabalho diligente foi a sua crítica contundente ao livro de Proudhon "*La Philosophie de la Misere*" ("A Filosofia da Pobreza"), publicado em 1846. Esta obra crítica apareceu em Bruxelas em 1847, sob o significativo título

"*La Misere de la Philosophie*" ("A Pobreza da Filosofia"). Além do fato importante, que este livro destruiu completamente uma obsessão pela qual até hoje alguns socialistas e particularmente anarquistas ainda são assumidos, ou seja, que a pobreza abjeta é o gerador e um pré-requisito para a vitalidade revolucionária, ele também continha o primeira exposição abrangente do materialismo histórico. Aqui, em sua busca por conhecimento, Marx pela primeira vez teve contato próximo com operários socialistas e revolucionários - uma relação que seria de grande importância para seu trabalho futuro.

Expulso de Paris em 1845, Marx vira seus passos em direção a Bruxelas. Ignorando completamente suas condições materiais realmente precárias, e diante da extrema pobreza, assediado pela polícia, Marx continua suas atividades como um estudante sério e um lutador incansável. Com um entusiasmo que não reconheceu limites, ele trabalhou entre os elementos progressistas do movimento trabalhista desta cidade, e à análise crítica da utopia de classe média de Proudhon, ele acrescenta uma refutação mordaz do confuso comunismo sentimental alemão da escola Weitling. Suas palestras sobre "Trabalho e Capital", realizadas diante de um Clube de Trabalhadores Democratas, e o discurso sobre "Livre Comércio"; também o tratado sobre "Livre Comércio ou Tarifa Protetora", publicado no "*Deutschen Brüsseler Zeitung*", mostram o interesse marcado e crescente que Marx começa a manifestar pelos problemas econômicos. Observamos aqui a penetrante minúcia com que ele visualiza e disseca a produção capitalista, a fim de apreciar inteligentemente seu caráter histórico, e para poder definir e deduzir a partir da posição do proletariado até as diversas questões da época. Através de sua incansável atividade e de suas distintas faculdades, Marx e Engels rapidamente se tornaram o centro de um brilhante círculo de intelectuais em Bruxelas. Este círculo era composto de elementos heterogêneos, incluindo democratas e socialistas impacientes de várias partes da Alemanha, entre eles Wilhelm Wolf, a quem Marx mais tarde dedicou sua obra-prima "O Capital", Moses

Hess, Robert Weitling, Ferdinand Freiligrath e outros. E através de sua agitação e influência pessoal, mais ainda que através de suas contribuições ao *"Deutsche Brüsseler Zeitung"*, Marx moldou o desenvolvimento intelectual desses exilados e revolucionários alemães, russos e franceses, e assim realmente preparou e auxiliou na chicotada sobre a evolução das coisas nesses países. Na Renânia, Vestefália, Silésia e outras partes da Alemanha, seus amigos e discípulos estavam levando a propaganda aberta ou secretamente, sempre na mais espessa das frentes, e assim seu chamado e agitação anunciam muito sinistramente a aproximação do ano revolucionário.

A primeira vitória para os princípios marxistas - uma vitória de magnitude internacional - foi marcada, quando Marx e Engels receberam um convite encorajador da Inglaterra. Londres foi durante anos a sede de uma sociedade que se autodenominava "Liga dos Justos". Essa organização era composta de elementos revolucionários de vários matizes e havia sido originalmente uma sociedade conspiratória devotada à ideia do Jovem Alemão, um desdobramento da agitação da Jovem Europa de Mazzini. Em 1847, quando Marx e Engels foram convidados a entrar para a liga, esta organização representava a única expressão internacionalmente organizada do proletariado europeu. Seus princípios eram uma mistura de comunismo franco-inglês desenvolvido e nascido com a ajuda da filosofia alemã: eram ensinamentos tão misteriosos e nebulosos quanto o mistério com o qual seus propagadores se cercavam. Depois de uma discussão aprofundada com Joseph Moll, um representante da Liga, Marx e Engels decidiram se juntar à organização e reorganizar o movimento em linhas totalmente de acordo com seus princípios: os princípios do Socialismo científico em formação. Esses princípios de Marx em 1847, como hoje, se empenhavam e visavam principalmente à unificação política das classes trabalhadoras em um partido político proletário compacto, perseguindo um objetivo revolucionário definido, fluindo de uma concepção clara e científica da posição dos trabalhadores na sociedade. Como vimos, esses princípios não foram o resultado de especulações utópicas abstratas, evoluíram como um protesto contra a injustiça bárbara e desumanidade da sociedade burguesa, e se proclamaram os únicos verdadeiros filhos da razão pura, da justiça divina e da verdadeira humanidade, mas foram antes, o produto de uma análise completa do modo de produção capitalista: uma análise que expôs a origem do lucro ou mais-valia e, portanto, projetou o colapso inevitável do capitalismo. É claro que tais princípios baseados no alicerce de uma economia sólida estavam fadados a colidir com o utopismo, de um lado, e o niilismo, do outro, dos vários intelectuais da "Liga dos Justos". Marx antecipou esse conflito, mas também estava convencido de que as idiossincrasias especulativas abstratas de um Cabet ou Weitling não eram páreo para os argumentos e recomendações coerentes e irrefutáveis contidos no "Manifesto Comunista". Em novembro e dezembro, Marx e Engels participaram de um Congresso da Liga em Londres, e a mensagem de Marx, que ele recomendava como base teórica e programa de trabalho da organização e que era praticamente um rascunho do famoso Manifesto, foi recebida com grande entusiasmo. A organização secreta da "Liga dos Justos" foi reorganizada em uma sociedade de propaganda que se autodenomina "Liga Comunista". Marx e Engels foram autorizados a redigir um documento estabelecendo os princípios fundamentais da Liga; e no início daquele ano tempestuoso e revolucionário de 1848, o documento mais notável e marcante nos anais da história apareceu, um documento no qual a classe trabalhadora, pela primeira vez desde o início do capitalismo moderno, se proclamou o inimigo mortal da sociedade burguesa: Manifesto Comunista.

No "Manifesto Comunista", vemos os esforços conjuntos de Marx e Engels para apresentar ao mundo um resumo conciso e científico de suas ideias. Este documento pode, sem exagero indevido, ser chamado de certidão de nascimento do socialismo científico e estava destinado a se tornar a declaração de emancipação industrial dos trabalhadores do mundo. No "Manifesto Comunista", pela primeira vez, o socialismo científico fala ao mundo e orgulhosamente proclama sua diferença distinta quando comparado com as palhaçadas infantis do socialismo utópico ou do reformismo democrático. De forma magistral e em grande escala, o desenvolvimento histórico é aqui analisado, e as causas e forças que atuam nesse processo são expostas ao leitor. Isso também leva a uma dissecação e crítica contundente da ordem capitalista, terminando com a demonstração convincente de que a sociedade capitalista traz em seu seio os germes materiais do comunismo; também que esta sociedade ao mesmo tempo cria na classe trabalhadora o poder necessário para executar o ditame implacável da evolução histórica. E para tornar os trabalhadores conscientes de sua missão histórica, esta obra-prima de aguda análise científica, concisão e beleza literária conclui com aquele grito de guerra mundialmente conhecido: "Proletários de todos os países, uni-vos!"

Para citar as palavras de Klara Zetkin, uma célebre marxista alemã: "O Manifesto Comunista, além de seu significado histórico e político, permanecerá um monumento conspícuo na literatura mundial; enquanto os pensamentos possuírem um sentido e as palavras tiverem um som."

SEGUNDA PALESTRA

CAPÍTULO I

O "Manifesto Comunista" deveria agora ser considerado a base teórica sobre a qual todas as atividades futuras dos membros da Liga deveriam repousar: toda propaganda, atos e táticas subsequentes deveriam ser desenvolvidos de acordo ou seguindo as linhas dos princípios axiomáticos e objetivos promulgados neste documento histórico. No entanto, as condições históricas logo obrigaram os vários grupos e membros nacionais a afrouxar um pouco suas conexões com a Liga, o que deu origem a uma condição de negócios que beirou a dissolução da jovem organização. Através da força irresistível dos eventos sociais, eventos que finalmente culminaram nas várias revoltas revolucionárias de 1848, os trabalhadores foram forçados a se unir à burguesia em seus respectivos países e lutar unidos pelo governo constitucional e pelas liberdades civis. Esta luta do proletariado e da classe capitalista contra as prerrogativas feudais deu a Marx e seus seguidores a oportunidade de propagar seus princípios abertamente: apresentar pela primeira vez na história a posição dos trabalhadores neste drama revolucionário perante o público.

A revolução de fevereiro em Paris, uma revolução que depôs Louis Phillipe, o rei-cidadão, foi o sinal para uma revolta geral contra o despotismo na Europa. Esta insurreição dos capitalistas industriais de Paris contra o governo dos grandes interesses agrários (burgueses e feudais) foi a convocação da evolução social para adaptar os obsoletos órgãos políticos da sociedade capitalista às condições econômicas alteradas: condições que foram retardadas em seu crescimento e desenvolvimento pelo caráter antiquado, reacionário e anormal das instituições políticas existentes. Na Alemanha, Áustria, Hungria e Itália, o fogo latente da revolta também explodiu em chamas brilhantes, comendo e devorando os fragmentos sociais e políticos remanescentes comidos por vermes e frágeis de épocas passadas. Em todos os lugares os representantes da sociedade moderna lutaram vigorosamente por reconhecimento político e direitos, e em todos os lugares, mesmo na Prússia, os chamados poderes governantes ordenados por Deus foram obrigados a capitular diante dos ataques unidos dos trabalhadores e da burguesia.

As potências na Bélgica, que não foram afetadas pela onda revolucionária, procuraram assegurar sua tranquilidade inaugurando uma perseguição mais brutal e injustificada contra Marx e seus seguidores. Sob a acusação de serem agitadores e inflamadores para tumultos, eles foram submetidos às indignidades mais infames por parte dos funcionários do governo e finalmente expulsos. Marx e os camaradas foram virtualmente perseguidos além da linha de fronteira; o primeiro, na pressa do momento, sendo compelido a deixar sua jovem esposa para trás, à mercê dos defensores da lei e da ordem. Essas autoridades cavalheirescas, encantadas com a oportunidade, satisfizeram sua ânsia de "vingança" torturando astuciosamente e brutalmente a indefesa e pobre Jenny Marx.

Marx refez seus passos até Paris, tendo sido homenageado pelo governo revolucionário vitorioso com um convite para voltar a fazer o trabalho prático. Após a eclosão da revolução, o comitê central ou escritórios executivos da Liga Comunista foram transferidos de Londres para Bruxelas. No entanto, com a expulsão autocrática pela polícia, essas conexões foram rompidas e Marx foi momentaneamente encarregado da administração dos assuntos da Liga, sendo também encarregado de organizar um novo corpo executivo em Paris. No entanto, a estada de Marx em Paris não duraria muito.

Como afirmado antes, na Prússia a onda revolucionária havia varrido o despotismo feudal ordenado por Deus dos Hohenzollerns. Humilhado e trêmulo, o rei da Prússia aceitou o presente generoso, mas tolo, de sua coroa das mãos manchadas de sangue dos lutadores de barricadas, aceitando assim uma coroa que o fez rei não pela graça de Deus, como ele tinha feito com tanta arrogância contestada antes da revolução, mas pela graça do povo - uma coroa que foi restaurada a Friedrich Wilhelm IV em troca de certas garantias constitucionais, garantias que ele posteriormente anulou tão prontamente quanto as havia concedido.

Sob tais condições turbulentas, era impossível para Marx permanecer em Paris. Ele, que tantas vezes fora acusado de motivos de traição e proclamado um homem sem pátria, ele, o pária, foi atraído por uma paixão irresistível, por um desejo febril, à pátria. Tomando como critério as condições históricas dadas, ele sentiu e sabia que em casa era o campo sobre o qual poderia e lutaria com a maior e mais contundente força pela revolução na Europa. O navio da revolução burguesa alemã seguiu na esteira do levante parisiense, e nesta revolução o proletariado pela primeira vez afirmou seus interesses como uma classe, desdobrando a bandeira da República Industrial. E na Alemanha, a burguesia apenas destruiu a monarquia absoluta com os punhos massivos do proletariado. Era, portanto, facilmente concebível o motivo pelo qual no início a burguesia assistia com ansiedade ao rápido progresso da revolução e via nesse progresso mais um elemento de perigo do que de vitória. Essa crescente consciência da classe trabalhadora havia enviado um calafrio na espinha dos capitalistas e amortecido o espírito de exaltação com a vitória imediata. No entanto, uma coisa era certa: se a revolução viesse a percorrer todo o seu curso na Alemanha, ou seja, se a revolução se desenvolvesse em uma revolução burguesa de pleno direito, uma revolução que varreria o último vestígio das prerrogativas feudais, então todas as forças da burguesia teriam de ser alistadas em sua causa e chicoteadas para uma luta decidida. Era claro para Marx que esta revolução só poderia ser vitoriosa se derrubasse, junto com as forças brutais da reação, também os temores secretos da burguesia para o proletariado. E nessa criação peculiar da história, Marx viu o dever que, por enquanto, sobrecarregaria as energias revolucionárias máximas dos comunistas. E que a Alemanha estava destinada a ser o próximo campo de batalha dos comunistas, encontrava-se em outra dedução feita a partir de uma combinação peculiar de fatos históricos. A afirmação de Marx era que, se as conquistas da revolução não fossem erradicadas por uma contraforça, se as ondas da revolução não se quebrassem nas margens do despotismo russo, então, sustentava ele, seria absolutamente imperativo concentrar todas as forças revolucionárias no desenvolvimento constitucional ou republicano da Alemanha. Uma Alemanha revolucionada - revolucionada na concepção democrática mais completa - deduziu ele, estava fadada a ser o baluarte mais maciço da democracia na Europa. E essa dedução foi verificada de forma impressionante por eventos subsequentes. Não só o despotismo russo subsequentemente derrubou e afogou em mares de sangue a luta heroica dos húngaros pela independência; não apenas trezentos mil soldados do déspota russo destruíram a revolução na Áustria e salvaram a dinastia dos Habsburgo; mas o fracasso da revolução na Alemanha - o fracasso em criar aquele baluarte da democracia - estava fadado a afetar muito materialmente a luta do povo russo pela liberdade em uma data posterior. Durante a Revolução Russa e depois, particularmente nos anos tempestuosos de 1905 a 1906, o governo alemão viu com temor aberto essa luta galante de um povo pelo constitucionalismo, apreendendo com ansiedade o efeito que uma conclusão bem-sucedida desse levante teria sobre os alemães. Portanto, procurou ajudar o despotismo russo de todas as maneiras possíveis para esmagar a revolta. Na qualidade de capanga do Czar, esse governo, para eterna vergonha do povo alemão, prendeu milhares e milhares da flor da democracia russa na Alemanha; perseguiu milhares e milhares de estudantes russos de escolas secundárias e universidades; e, no verdadeiro estilo russo, vasculhou casas e intimidou as pessoas contra os tão odiados "vermelhos". E com que propósito? O governo alemão expulsou ou julgou esses residentes indesejáveis por uma violação da lei ou por algum outro motivo válido? Não, o governo imperial estava pagando sua dívida de 1849 com o "pequeno pai"; o governo imperial viu na autocracia russa uma cidadela do absolutismo e um baluarte, não apenas contra a democracia política, mas também contra a crescente maré do socialismo - cujo espectro realmente assombrava a Europa e, particularmente, a Alemanha. Com alegria diabólica os nobres e seus lacaios capitalistas aterrorizados entregaram aos algozes do Czar milhares de fugitivos russos, que se consideravam seguros fora do alcance do monstro sangrento. E esse governo idêntico tem hoje a audácia descarada de lamentar e acusar a antiga barbárie russa, que se autodenomina um pilar da cultura.

Em Paris, Marx e Engels organizaram um clube comunista de trabalhadores alemães. Herwegh, o poeta genial, estava na época tentando formar um batalhão de republicanos alemães com o objetivo de invadir a Alemanha. Marx desencorajou muito enfaticamente esse movimento aventureiro, altamente espetacular e puramente sentimental, e aconselhou os trabalhadores a retornarem à Alemanha individualmente e sem serem observados, e aí iniciar uma agitação revolucionária entre seus colegas de trabalho.

Em abril, encontramos Marx em Colônia, um dos mais importantes centros de eventos e o coração do altamente desenvolvido e industrializado distrito do Reno. Ele havia preferido Colônia a Berlim, porque o Código Civil Francês, um legado da era napoleônica e da Revolução Francesa, garantiu-lhe um campo de atividade maior e um movimento mais tranquilo. Pelo menos aqui os julgamentos políticos não foram apresentados a juízes profissionais do estado feudal-burocrático, mas julgados por um júri. Como afirmado antes, na Renânia o modo de produção capitalista revolucionou as condições mais profundamente do que no leste da Prússia ou na parte sul da Alemanha, consequentemente, a classe capitalista era aqui mais progressista e democrática, e mais inclinada a uma luta vigorosa para um governo constitucional. O proletariado, criado em tais condições, era, portanto, comparativamente grande e intensamente revolucionário.

Marx foi aqui confrontado, com a tarefa de colocar em prática as teorias estabelecidas no "Manifesto Comunista", ou seja, aplicar os princípios do Socialismo Científico às condições históricas concretas. E como ele cumpriu esplendidamente este difícil dever de tornar os trabalhadores conscientes de seu papel e deveres nesta grande luta da burguesia desperta contra o feudalismo; como ele enfatizou claramente a necessidade histórica do governo constitucional para o desenvolvimento do capitalismo - um desenvolvimento que estava inseparavelmente entrelaçado com o crescimento de um movimento independente da classe trabalhadora - pode ser melhor apreciado através de uma leitura de seus escritos de e sobre este período. Em todas as principais cidades, amigos e discípulos de Marx e membros da Liga Comunista agitaram-se e trabalharam segundo as linhas ditadas pelo "Manifesto Comunista". Os tempos turbulentos com suas diversas questões políticas, lutas salariais e greves foram assim habilmente explorados e utilizados para trazer para casa a mensagem do Socialismo e da ação coletiva independente para os trabalhadores. Em toda parte surgiram clubes e organizações de trabalhadores. Após os memoráveis dias de março, um Comitê Central de Trabalhadores com o comunista nascido à frente foi organizado em Berlim. Através dos incansáveis esforços deste comitê, a Irmandade dos Trabalhadores, uma organização que deveria abraçar e unir todos os trabalhadores na Alemanha, foi organizada em agosto. Por toda parte os trabalhadores eram vistos lutando nas cabanas contra os poderes do absolutismo; por toda parte eles se mantinham firmes, repelindo corajosamente as investidas de reação; e onde quer que lutassem com mais coragem e fossem quase inconquistáveis, a influência comunista era mais marcadamente reconhecível.

Essa fase marcante no desenvolvimento da Alemanha é eminentemente a obra de Marx: é uma conquista que foi possível graças à inteligência derramada pelos raios do Materialismo Histórico - uma filosofia que, pela primeira vez na história, explicou ao deserdou a classe seu lugar e função, em particular na revolução burguesa e na sociedade em geral. No "*Neue Rheinische Zeitung*" ("New Rhenish Gazette"), um jornal diário, Marx procurou erigir um farol da ala extrema democrática e comunista da revolução. O primeiro número deste jornal foi publicado em 1º de junho de 1848, e o último número apareceu em 19 de maio de 1849. A curta, mas tempestuosa vida do jornal, portanto, começa e termina com a fortuna e o infortúnio da revolução, respectivamente. O jornal foi fundado como um "Órgão da Democracia"; no entanto, sob a editoria de Marx, logo se tornou um defensor destemido das teorias comunistas, vendo e criticando os eventos atuais a partir das premissas básicas formuladas no "Manifesto Comunista" e concebidas com a ajuda do Materialismo Histórico. Aqui, o Materialismo Histórico foi submetido à prova de fogo e, desnecessário dizer, a aplicação da teoria às ocorrências atuais e os resultados assim obtidos forneceram evidências convincentes de sua solidez. À luz do Materialismo Histórico, Marx explicou a revolução como um processo histórico normal e legítimo, um processo que foi apenas o reflexo político de uma revolução econômica que apenas a precedeu. Marx, novamente com a ajuda da concepção do Materialismo Histórico, foi capaz de combinar seu temperamento revolucionário apaixonado com um intelecto histórico frio e bem equilibrado: ele apreciou e julgou o presente pelo passado, e foi assim capaz de vislumbrar o futuro com inteligência.

Marx era jornalista e editor na concepção mais ampla do termo e, nesse sentido, foi habilmente auxiliado por Friedrich Engels, os dois Wolffs, Ferdinand Freiligrath, o poeta genial e outros. Equipado com uma visão clara e vitalidade revolucionária criativa, o

"*Neue Rheinische Zeitung*" foi capaz de mostrar o caminho para as forças democráticas e socialistas. E o "*Neue Rheinische Zeitung*" era um órgão de luta, que se engajava e lutava ativamente com os problemas da época. Como enfatizado antes, esses problemas e as condições históricas em que nasceram obrigaram os socialistas e os trabalhadores a lutar como a ala radical extrema do exército da democracia. O prêmio da vitória e o objetivo da luta eram salvar a revolução e, assim, assegurar os direitos e liberdades políticas necessárias ao proletariado para a preparação de sua própria revolução - uma revolução que Marx percebeu germinar no seio da mesma sociedade que ele e sua classe estavam ajudando em sua luta para se emancipar completamente do jugo do feudalismo. Por essas razões, o "*Neue Rheinische Zeitung*" foi compelido a se engajar na política democrática; foi compelido a lutar com e pela burguesia, mas cumpriu este dever com crédito, mantendo constantemente em vista o objetivo final e as coisas de interesse permanente para o proletariado. Em outras palavras, a revolução burguesa foi apenas um meio para o fim, um trampolim para Marx e seus seguidores; o fim, o objetivo a ser mantido em mente, era - a revolução proletária. Em consequência, o "*Neue Rheinische Zeitung*" não procurou obter o apoio dos democratas mornos com a ajuda de concessões e lisonjas, mas tentou chicotá-los e arrancá-los de sua letargia, por meio de uma crítica mordaz e impiedosa. Para este órgão, como afirmado antes, a revolução era um imperioso comando da hora; uma ordem que a burguesia não podia ignorar, mas tinha que seguir: uma ordem claramente formulada pela força das condições materiais e do conhecimento científico do desenvolvimento social que delas emanava.

As demandas imediatas do Partido Comunista na Alemanha foram, devido às causas acima mencionadas, portanto, muito mais moderadas do que as chamadas demandas mínimas formuladas no "Manifesto Comunista" para a revolução em ascensão. Eram demandas criadas principalmente pelas condições atrasadas da vida econômica daquele país e visavam melhorar as condições sociais

do pequeno agricultor, artesão e operário em geral. As principais demandas políticas eram a república indivisa e a criação de um exército de cidadãos. Como assinalado, para Marx, a república em sua forma mais desenvolvida era o campo de batalha lógico para a resolução das diferenças entre a classe capitalista e o proletariado. Ele também concebeu que a luta dos socialistas e dos trabalhadores só começaria para valer, quando a luta pela emancipação política ou pela democracia tivesse terminado. No armamento do povo, o exército dos cidadãos, Marx viu a vitória da revolução. Para ele, as questões constitucionais não eram basicamente questões de direito, mas questões de poder. E repetidamente o *"Neue Rheinische Zeitung"* sublinhou que a melhor constituição era apenas um pedaço de papel, se não fosse apoiada pelo poder armado do povo. E o jornal enfatizava que todos os parágrafos bem redigidos e cláusulas promissoras da constituição não impediriam o assassinato dos direitos do povo, desde que os governos feudais pudessem "apontar seus canhões contra o povo destreinado". Com amargo sarcasmo, o *"Neue Rheinische Zeitung"*, portanto, criticou e castigou os políticos tagarelas na Assembleia Nacional em Frankfurt, que estavam celebrando orgias retóricas e totalmente negligenciados em fornecer o poder para fazer cumprir suas decisões legislativas. Enquanto esses palhaços políticos filosofavam e sobrecarregavam ao máximo a paciência do povo, os governos de Berlim e Viena preparavam-se, entretanto, para destruir a constituição imperial, a liberdade de imprensa e de reunião, o sufrágio universal e todas as conquistas e conquistas das jornadas revolucionárias de março, junto com seus defensores mais enérgicos, com rajadas de granada. As críticas dos parlamentos alemão e prussiano em Frankfurt e Berlim, respectivamente, pertencem às publicações mais brilhantes do *"Neue Rheinische Zeitung"*. Aqui reconhecemos o poder criativo superior do materialismo histórico afirmando-se no campo da política; e para aqueles estúpidos de mente estreita, que ainda pensam que a história é feita nos parlamentos, esses ensaios críticos raivosos e apaixonados, mas ainda assim profundos, são até mesmo nesta data tardia de valor inestimável. Este trabalho crítico do artigo é uma parte importante de uma discussão completa tendo como seu tema básico os princípios e programas dos liberais e democratas, e aqui Marx de uma vez por todas e até agora acertou as contas sem lentidão com a burguesia. A burguesia reconheceu o recebimento dessa surra de maneira peculiar: os acionistas democráticos "amantes da liberdade" do jornal retiraram seu apoio à empresa. Com isso, no entanto, o jornal ganhou uma posição mais firme entre os trabalhadores.

Como enfatizado anteriormente, o "*Neue Rheinische Zeitung*" como um farol da Democracia foi naturalmente um oponente mais consequente do feudalismo. Em nenhum artigo o feudalismo ou as prerrogativas feudais foram combatidas com mais vigor e inteligência do que no artigo de Marx. Sabendo e reconhecendo plenamente a importância da revolução burguesa, através de uma concepção completa do feudalismo, Marx e seus seguidores viram na derrota completa do feudalismo um desenvolvimento mais rápido e mais favorável do capitalismo, que por sua vez implicava um desenvolvimento mais rápido e favorável de um movimento socialista com consciência de classe. Portanto, o feudalismo e o absolutismo não tinham um inimigo mais cruel do que o "*Neue Rheinische Zeitung*". E quando a contrarrevolução, a reação, varreu a Alemanha; quando a ação traiçoeira e covarde da burguesia aterrorizada era perceptível em toda parte; quando Viena caiu e as tropas do rei massacraram cidadãos nas ruas de Berlim, mesmo então Marx desafiou as forças vitoriosas da reação em seu jornal. E só depois que as insurreições foram reprimidas em Elberfeld e Dresden, e a Renânia foi praticamente transformada em uma verdadeira guarnição, o governo se comprometeu a suprimir o "*Neue Rheinische Zeitung*". Em 18 de maio de 1849, Marx recebeu sua ordem de expulsão da Alemanha. Certos editores do jornal já estavam sendo perseguidos pelos tribunais, e outros ainda estavam, como indesejáveis "estrangeiros", certos de compartilhar o destino de Marx. Portanto, a expulsão de Marx foi praticamente a sentença de morte do jornal. Em 19 de maio, o último número apareceu com o poema desafiador de Freiligrath como líder:

"Adeus do Neue Rheinische Zeitung
19 de maio de 1849.

Nenhum golpe aberto em uma luta aberta,
Mas com gracejos e peculiaridades eles me acusam,
Por rastejar a praga secreta da traição
Os Western Calmucks me mataram.
A flecha fatal no escuro voou;
Fui atingido por um patife emboscado;
E aqui no orgulho da minha força eu minto,
Como o cadáver de um bravo rebelde!

Com um desprezo imortal em meu último suspiro,
Em minha mão a espada ainda é preciosa;
'Rebelião' ainda por meu grito de morte,
Em minha masculinidade imaculada, eu morri.
Oh! Com prazer, com muito prazer, o Pruss e o Czar
A grama do meu túmulo iria se dissipar;
Mas a Alemanha me envia, com a Hungria longe,
Três salvas para homenagear meu esquife.

E o pobre homem esfarrapado toma sua posição,
Na minha cabeça, os torrões frios levantando-se;
Ele os derruba com uma mão diligente,
Onde a glória do trabalho está se separando.
E uma guirlanda de flores e maio ele trouxe
Em minhas feridas ardentes para lançar;

Sua esposa e suas filhas a coroa havia trabalhado

Quando o trabalho do dia acabou.

Despedida! Despedida! Da vida turbulenta!

Adeus a vocês! Exércitos engajados!

Despedida! Campos de batalha cobertos de nuvens,

Onde a grandeza da guerra está aumentando!

Despedida! Mas não para sempre adeus!

Eles não podem matar o espírito, meu irmão!

No trovão subirei no campo onde caí,

Mais ousadamente lutar contra outro.

Quando a última das coroas como vidro se quebrar,

Em cena nossas tristezas têm assombrado,

E o Povo o último 'culpado' deve falar,

Do seu lado, você me encontrará destemido.

No Reno, Ou no Danúbio, em palavras e atos,

Vocês devem testemunhar, fiel ao seu voto,

Nos destroços dos tronos, no meio dos libertos,

O rebelde que te saúda agora!"

CAPÍTULO II

O "*Neue Rheinische Zeitung*" foi uma prática política revolucionária. O "*Neue Rheinische Zeitung*", no entanto, era Karl Marx. Para falar um pouco de Engels: a política editorial ou o curso do jornal era "a ditadura de Marx".

A atividade revolucionária de Marx neste período tumultuado, no entanto, não se limitou apenas ao trabalho literário ou editorial. Ele também foi presidente de uma das três grandes organizações democráticas em Colônia. E quando comparamos a posição corajosa e unificada da democracia renana contra os ataques de reação ameaçadores com as manifestações irresolutas e, em muitos casos, covardes da burguesia em outras localidades, então começamos a perceber não apenas os efeitos de uma alta industrial e social desenvolvimento, mas também os efeitos da propaganda dele resultante - a propaganda de Marx. Para ilustrar: em Colônia, uma gigantesca reunião de massa se declarou pela República Socialista, e quando um falso relatório foi recebido de que as forças militares do governo reacionário estavam avançando para tomar posse da cidade, as barricadas pareceram disparar da terra como cogumelos. Em contraste com a barulhenta, mas covarde burguesia de Berlim, a Democracia Renana e Vestefália nos dias agitados de novembro estava disposta a apoiar qualquer oposição da Assembleia Nacional Prussiana com o máximo desenvolvimento de força. E quando este parlamento apelou ao povo para responder às usurpações infames da chamada autocracia "ordenada por Deus" com a recusa de pagar impostos, ou seja, com uma greve econômica da burguesia contra a política feudal, o comitê provincial de Colônia, constituído por Marx, Schapper e Becker, emitiu uma ordem solicitando a todos os sindicatos democráticos que aderissem à decisão do parlamento. O comitê, além disso, instruiu os cidadãos a resistir à arrecadação de impostos com todos os meios de oposição à sua disposição; para organizar o exército de cidadãos em todos os lugares; fornecer armas e munições aos que não têm recursos com os fundos comunais ou com a ajuda de contribuições voluntárias; para, se necessário, nomear comitês de segurança, a fim de estar efetivamente preparado para enfrentar força com força. A subsequente conduta desprezível e covarde da Assembleia Nacional da Prússia quebrou esse magnífico espírito revolucionário pela raiz. No entanto, Marx, Schapper e Becker foram indiciados perante o grande júri em Colônia sob a acusação de terem incitado os cidadãos à resistência armada contra os funcionários civis e o exército. Mais importante do que sua absolvição foi o magistral discurso de defesa de Marx.

Após um ano de luta incessante, Marx foi finalmente convencido pelos fatos inexoráveis da história de que a revolução estava, por enquanto, no fim; que a burguesia havia obtido na forma de reformas sociais e políticas tudo o que desejou e foi capaz de obter com sua vitalidade limitada; e que a burguesia - a mesma burguesia que lutou até poucos dias ombro a ombro com os trabalhadores contra os nobres alemães e seus lacaios - buscaria doravante aliar-se aos resquícios da feudalidade contra os trabalhadores. Os interesses de classe burgueses ditaram essa aliança com o limitado governo feudal, aliança que estava fadada ao fim com a conquista pacífica do governo pela burguesia e a penetração dos remanescentes do feudalismo com os princípios e ideias da produção capitalista. Como desbravadora, desbravadora e pioneira, a revolução trouxe aos capitalistas tudo o que eles eram capazes de exigir nas condições existentes, sempre levando em consideração os temerosos trabalhadores comunistas como um sinalizador sinistro. O que a força das armas foi incapaz de realizar no ano tempestuoso de 1848-49, sem também colocar em risco a existência da sociedade capitalista, a evolução econômica e suas criaturas sociais e políticas estavam fadadas a realizar lentamente, passo a passo. Marx previu claramente esses efeitos lógicos de uma revolução abortada, e também viu neles uma ordem para revisar as táticas dos comunistas. Ele apreciou plenamente que doravante os trabalhadores teriam que se organizar como uma classe; que a classe capitalista iria, como indicado antes, ofuscar e absorver rapidamente todas as outras classes dominantes menores na Alemanha, incluindo os nobres da aristocracia alemã; e que, portanto, no futuro nenhum pacto ou compromisso com os elementos burgueses "inclinados para a democracia" seria aconselhável. Em meados de abril de 1849, Marx e seus amigos comunistas baixaram seus cargos no comitê provincial. O Clube dos Trabalhadores de Colônia rompeu sua ligação com a União Democrática da Renânia e defendeu a participação de todas as organizações radicais em um congresso geral de trabalhadores que a Irmandade dos Trabalhadores, organizada pelo Comunista Born in Berlin, estava preparando.

Com a publicação do livro "Trabalho Assalariado e Capital" de Marx, o "*Neue Rheinische Zeitung*" deu expressão a essas novas táticas. Nesta análise perspicaz da produção capitalista, as distinções de classe entre o proletariado e a burguesia foram fortemente sublinhadas e, portanto, retiradas da sombra em que a grande época histórica, a revolução, naquele momento os havia colocado. Exilado de sua pátria, Marx voltou a Paris, onde eventos turbulentos pareciam estar se formando. Aqui a classe capitalista, vivendo com medo constante do proletariado, preparava seu golpe de estado. É claro que para o intrigante e conspirador governo de Luís Napoleão, esse revolucionário lúcido, perspicaz e intransigente era um visitante muito indesejável. Portanto, já em julho, Marx foi exilado, desta vez por uma república burguesa, para fixar residência no Departamento Morbihan, que está situado em algum canto obscuro da Bretanha. Nesse caso, Marx teria sido condenado à inatividade política e também acadêmica - algo que Luís Napoleão buscou realizar com esse movimento. Em vez disso, Marx, despojado de todos os meios de subsistência e sem perspectivas de futuro à vista, decidiu ir para Londres. Ele estava certo de que a revolução seria apenas suprimida temporariamente, que estava fadada a se levantar novamente; e ele, um pária abandonado com uma família dependente dele, começou a trabalhar com renovado vigor para fazer da revolução que se aproximava uma revolução proletária com consciência de classe, na medida em que as condições materiais daquele período permitiam e tornavam possível um movimento de classe tão distinto. Sua primeira tarefa foi a reorganização da Liga Comunista, cujos líderes estavam agora praticamente todos em Londres, mas cuja atividade estava doravante confinada principalmente à Alemanha. No "*Neue Rheinische Revue*" ("New Rhenish Review"), ele procurou fornecer um órgão de luta para as forças revolucionárias na Alemanha. O "*Neue Rheinische Revue*" foi publicado em Hamburgo e, é claro, em estreita colaboração com Friedrich Engels e outros amigos. Marx desejava que esse periódico fosse uma continuação do "*Neue Rheinische Zeitung*" e, com toda a certeza, esperava transformar esse mensal despretensioso em um semestral e, em seguida, em um semanal em grande escala. E com uma nova eclosão da revolução, que ele previa que seria o produto lógico da reação que governava com mão de ferro na Alemanha, a crítica seria transformada em um poderoso jornal diário. Conforme declarado no precedente, no entanto, os planos de Marx não deveriam se materializar. O maremoto da revolução, que havia levado o "*Neue Rheinische Zeitung*", estava gradualmente quebrando nas rochas de um liberalismo burguês quente. Os temores da classe capitalista pelas medidas completas e aspirações de classe do proletariado estavam rapidamente mudando seu curso para a via menos perigosa de uma luta parlamentar contra as prerrogativas feudais, uma luta em que os trabalhadores como classe estavam destinados a desempenhar um papel histórico papel, mas que os separou para sempre da influência contaminadora do liberalismo burguês. Mas foram publicados quatro números do "*Neue Rheinische Revue*" e aqueles sob as mais insatisfatórias dificuldades pecuniárias. Três cópias apareceram com certa regularidade até abril de 1850 e, depois de um lapso de quatro meses, a revisão com um número duplo teve de suspender definitivamente a publicação.

Nesse periódico, Marx e Engels trabalharam para preparar o terreno para a revolução que se aproximava. Submetendo as lutas dos anos anteriores, lutas das quais tão ativamente participaram, a um exame crítico, eles procuraram cumprir essa tarefa. Verdadeiramente de acordo com sua filosofia do Materialismo Histórico, eles tentaram encontrar as causas de conexão dessas manifestações e convulsões históricas e sociais nos antagonismos de classe existentes, despojando assim esses eventos de seu manto ideológico e expondo a guerra de classes em toda a sua nudez. Além de assuntos distintamente alemães e, no aspecto mais amplo, locais, Engels escreveu um tratado sobre "A Guerra Camponesa Alemã", e Marx contribuiu com sua obra magistral, tão conhecida de todos os estudantes marxistas, "As Lutas de Classes na França de 1848 a 1850". Este estudo encontrou sua continuação no ensaio profundo e brilhante intitulado "O 18 de Brumário de Luís Bonaparte", publicado em 1852, e sua conclusão no Manifesto ou Discurso do Comitê Executivo da Associação Internacional dos Trabalhadores na Comuna de Paris, e mais conhecido sob o título de "A Guerra Civil na França".

No entanto, a revolução rejuvenescida que Marx e seus associados aguardavam com tanta confiança, como afirmado antes, não se materializaria. Estudos econômicos e históricos subsequentes agora mostravam a Marx que o ano revolucionário de 1848 fora apenas o filho legítimo do terrível pânico industrial de 1847. E à medida que a prosperidade aumentava gradualmente no mar agitado das condições sociais e políticas europeias, a vitalidade revolucionária nascida pela depressão industrial diminuiu. Uma era econômica de expansão e abundância havia se estabelecido, ainda mais intensificada pela descoberta de ouro na Califórnia. A antecipação de uma rica colheita de lucros exterminou a última centelha de rebelião da burguesia. Como já falamos acima, doravante a classe capitalista deveria ser guiada por um único preceito em sua conduta política, a saber: harmonizar e transigir com a feudalidade e o absolutismo, a fim de explorar conjuntamente o proletariado. O proletariado, entretanto, era ainda fraco em número ou, para ser mais exato, fraco em organização e praticamente totalmente desprovido de uma percepção consciente de sua missão histórica como classe. O colapso do cartismo na Inglaterra, o massacre de junho em Paris, a queda de Viena, os resultados das revoluções e lutas na Alemanha, Hungria e Itália enfraqueceram tanto física e moralmente os trabalhadores que, no momento, nenhuma ação revolucionária era esperada deles. Porém, o círculo interminável da produção capitalista, os traços anárquicos dessa produção, já prenunciavam o avanço de outra crise econômica: uma crise que era apenas filha natural de um sistema econômico baseado na apropriação da mais-valia, e uma crise que em sua forma multiplicada, na verdade, pressagiava a queda inevitável do sistema capitalista e a expropriação dos expropriadores. Esses fatos Marx concebeu com o conhecimento ainda relativamente limitado à sua disposição. Ele também estava ciente de que os trabalhadores só eram poderosos contra os exploradores quando organizados em linhas de classe - uma forma e espírito de organização que pressupunha consciência de classe. A fim de despertar e gerar essa consciência de classe no proletariado internacional, o trabalhador individual deve primeiro reconhecer sua posição econômica. ou seja, conceber que ele era apenas uma mercadoria sob o capitalismo. Animado, sim chicoteado pelo comando convincente da hora, Marx começou a trabalhar para fornecer as armas intelectuais para a classe trabalhadora em sua luta pela emancipação.

CAPÍTULO III

Enterrado entre os tomos empoeirados e tesouros intelectuais do Museu Britânico, anos se passaram nos quais Marx mais uma vez se dedicou exclusivamente à investigação e ao estudo. Foram anos de alegrias intelectuais, mas privações materiais para Marx e sua família. A imprensa, assim como os editores na Alemanha, instituiu uma tentativa de boicote contra Marx, e isso significou uma pobreza amarga para ele e seus entes queridos. Por exemplo, seu brilhante ensaio "O 18 de Brumário de Luís Bonaparte" teve de ser publicado em Nova Iorque em um periódico publicado por seu amigo Weydemeyer. Também a brochura que trata do julgamento de alguns dos camaradas de Marx perante o júri em Colônia e intitulada *Enthüllungen über den Kölner Kommunisten-prozess* ("Revelações sobre o Julgamento dos Comunistas em Colônia") teve que ser publicada na América, 1852. Durante este ano Marx também aceitou uma oferta do *"New York Tribune"* para atuar como seu correspondente em Londres; esperava-se que ele contribuísse com um artigo todas as semanas, pelo qual recebia uma taxa fixa de cinco dólares. Essa renda escassa, mas bem-vinda, foi praticamente durante anos a única fonte regular de receita da família Marx. No *"New York Tribune"*, Marx publicou várias resenhas e críticas às condições sociais e políticas na Europa, e também uma série de artigos que depois apareceram em forma de panfleto sob o nome de "Revolução e Contrarrevolução na Alemanha". Esta série de artigos foi creditada até alguns anos atrás a Marx; a publicação da correspondência entre Marx e Engels, porém, mostra sem dúvida que foram escritos por Engels. "Revolução e Contrarrevolução na Alemanha" é apenas uma continuação do trabalho histórico iniciado em *The Rhenish Review*", e seu propósito era mostrar a conexão interna, ou como Buckle gosta de dizer, "a conexão lógica", ou seja, o mecanismo histórico das lutas na primeira metade do século XIX.

Como você se lembrará, em seus estudos, Marx foi da filosofia à história e da história à economia política. É, portanto, bastante lógico deduzir que um estudo atento das lutas políticas de classes, que desde o século XVII varreram furiosamente a Europa como revoluções, o colocou em contato com o poder ou as forças motrizes por trás e responsáveis por essas convulsões. De acordo com o materialismo histórico de Marx e Engels, para explicar de forma inteligente a vida social e política da sociedade capitalista, a economia ou estrutura industrial dessa sociedade deve ser investigada primeiro e sua origem, forças motrizes, leis e curso de desenvolvimento explicados. A essa tarefa, Marx se dedicou durante os anos de seu exílio em Londres, um exílio que durou até sua morte, com uma indústria, entusiasmo e desinteresse verdadeiramente sem paralelo na história da ciência moderna. Como Klara Zetkin afirma tão simbolicamente: "Ele se dedicou a essa tarefa com a indústria semelhante à das abelhas e a paciência do cientista e o fervor revolucionário do Socialista." Os primeiros frutos de seu trabalho estavam contidos em seu *"Zur Kritik der politischen Oekonomie"* ("Contribuição à Crítica da Economia Política"), publicado em 1859, um livro que foi apenas um estudo preliminar ou uma introdução de sua maior obra *"Das Kapital"* ("O Capital").

O primeiro volume de "O Capital" apareceu em 1867. Seria o cúmulo da tolice tentar fazer uma revisão um tanto abrangente dessa obra monumental nessas palestras. Vou, no entanto, como conclusão desta palestra, tentar apresentar a vocês um resumo grosseiro, mas de forma alguma exaustivo, desta obra-prima, abrangendo os princípios fundamentais ou quintessenciais sobre os quais a estrutura teórica de "O Capital" se baseia, e que hoje são aclamados como verdades axiomáticas da filosofia socialista. O conhecimento desses princípios filosóficos e econômicos é absolutamente indispensável e imperativo para uma compreensão e apreciação inteligente de "O Capital" e, certamente, uma ajuda substancial no estudo da obra. Na última metade de minha próxima e última palestra, tentarei apresentar a vocês um esboço de um curso de leitura e estudo para as obras de Marx, e deixe-me enfatizar aqui que um estudo metódico e bem dirigido dos escritos sobre e por Marx também é essencial para uma compreensão adequada de "O Capital".

Para recapitular parte da minha primeira palestra, em "O Capital" Marx, em sua busca pelas condições básicas e causais subjacentes à produção e troca de riqueza na sociedade capitalista, deu continuidade ao trabalho iniciado pelos clássicos da economia política burguesa, dos quais William Petty, Adam Smith e David Ricardo são representantes ilustres, por dissecar o modo de produção predominante em suas partes mais elementares. Ele descobriu que a propriedade privada dos meios de produção é a pedra angular e a peculiaridade histórica da sociedade capitalista. Com o auxílio da concepção do Materialismo Histórico, ele analisou a posição social e histórica da sociedade proletária e foi capaz de formular os princípios e as táticas dessa classe em sua luta contra a burguesia. Fixando o status do trabalhador na sociedade atual e também expondo as faculdades de criação de mais-valor da força de trabalho; ao classificar o trabalhador como mercadoria - uma mercadoria viva que produz mais do que consome - Marx revelou a fonte e a magnitude da exploração capitalista, e a função social e histórica e o significado do capital.

Revelando assim a origem da sociedade capitalista e definindo a natureza de suas leis econômicas; ao apontar e enfatizar a transitoriedade e as formas em constante mudança na estrutura do modo de produção e as consequências inevitáveis da competição e da apropriação da mais-valia, ele apresentou uma acusação de fato contra a sociedade capitalista e proclamou o colapso final desta mais "perfeito" de todos os sistemas. Marx de forma significativa e com a ajuda de seu método dialético, um método que você deve lembrar que ele assumiu de Hegel, apontou que um sistema que originalmente começou com a propriedade privada individual rapidamente se desenvolveu em um sistema de propriedade social privada, e foi limitado - através da força dinâmica dos antagonismos de classe - para culminar em um sistema de propriedade social coletiva. Em outras palavras, ele foi forçado a concluir que o caráter social da produção estava fadado a ser complementado por um sistema social de distribuição, e essa mudança só foi possível através da abolição da pedra angular e alicerce da exploração capitalista - a propriedade privada dos meios de produção.

A negação ou antítese da propriedade privada que Marx encontrou na propriedade social ou - Socialismo; e a negação ou contradição da luta de classes ele localizou na abolição de todas as classes e prerrogativas de classe baseadas em qualquer forma de propriedade. Para ilustrar essas deduções filosóficas: Assim como o dia implica a aproximação da noite, e a vida pressagia a morte; assim como a verdade nasce da mentira e a virtude é apenas a criatura do pecado; assim como a moralidade é medida com o padrão da imoralidade, e a lei é apenas o produto de um ato ilícito; assim como a cidade ou vila prefigurou a província, e a província, a nação; assim, a nação implica a internacionalidade; o capitalismo encontra sua contradição no Socialismo; e a propriedade privada, em seus crescentes aspectos sociais, deve culminar na propriedade social: encerrando assim a luta de classes com a inauguração de uma paz social baseada na igualdade econômica.

No passado, a luta de classes culminou na vitória e supremacia de várias classes econômicas; no entanto, essas classes sempre foram levadas ao poder em virtude de certos poderes e propriedades econômicas, e sempre afirmaram sua vitória em detrimento de uma classe submissa. A vitória do proletariado é a primeira vitória em que a classe vencida se tornará ao mesmo tempo parte da classe vitoriosa, porque esta vitória é a última fase da luta de classes e anuncia a vitória da sociedade sobre o domínio de classe. Diferente de todas as lutas anteriores na evolução da humanidade, a batalha do proletariado não é uma batalha pela supremacia proletária sobre a supremacia capitalista - uma supremacia que deve ser afirmada às custas e subjugação de outra classe econômica; a vitória do proletariado não implica o domínio do proletariado sobre uma classe sujeita, porque a vitória do proletariado implica a emancipação da classe mais baixa da sociedade, a abolição de todas as prerrogativas de propriedade e significa a vitória, não de uma classe, mas da sociedade.

Com "O Capital", Marx fez uma análise da produção capitalista inigualável em profundidade e meticulosidade por qualquer economista anterior ou posterior. Para o verdadeiro cientista, "O Capital" muito rapidamente passou a ser considerado uma ilha do tesouro da economia política; e para a classe trabalhadora, isso foi e é até hoje a bússola intelectual com que o modo de produção capitalista, por meio de seu único expoente, Karl Marx, equipou o proletariado em sua luta pela libertação da sociedade do domínio de classe.

TERCEIRA PALESTRA

CAPÍTULO I

O início da última metade do século XIX testemunhou nos principais países europeus e também nos Estados Unidos um crescimento e desenvolvimento sem paralelo no sistema capitalista de produção. Foi o período em que a gigantesca indústria do algodão no norte da Inglaterra foi incapaz de obter carne humana suficiente para absorção e transmutação em mais-valia; foi o período em que a parte norte do Hemisfério Ocidental foi devastada por uma gigantesca guerra civil, travada para decidir se a aristocracia semifeudal do Sul ou a, comparativamente falando, classe capitalista progressista e impaciente do Norte industrial deveria doravante ditar a política e o curso econômico e social da União; foi o período em que o gradualmente despertando Império Moscovita, por meio da emancipação pelo menos nominal dos servos, criou seus primeiros grandes exércitos de proletários industriais e agrários modernos, e assim proclamou ao mundo o colapso definitivo do feudalismo e a ascensão do capitalismo na Rússia; foi o período em que a questão da unidade política e econômica se tornou um problema e uma necessidade cada vez maiores para o progresso geral dos Estados alemães, e também a clamorosa demanda na dilacerada e desunida Itália; em outras palavras: foi o período em que as unidades nacionais de produção capitalista tomaram consciência de seus interesses e também começaram a olhar com inveja para as possessões coloniais e a consequente dominação imperialista da Inglaterra; foi o início da grande batalha das unidades nacionais capitalistas pela supremacia internacional - uma luta cujo culminar é vividamente ilustrado pela presente Grande Guerra. Nos anos sessenta e setenta do século passado, é claro, as indicações para uma grande Era do Imperialismo ainda eram apenas levemente perceptíveis. Como foi dito anteriormente, países como Alemanha, Estados Unidos e França ainda estavam ocupados com o desenvolvimento, organização e exploração de seus recursos nacionais ou a reforma de suas instituições políticas, em outras palavras: o modo de produção capitalista moderno estava ainda em sua infância - em seu estado embrionário.

No entanto, um fato histórico surgiu portentosamente em todos esses países, a saber: que na proporção em que o modo de produção capitalista lentamente se desfez de seus panos e se tornou um espécime vigoroso, a consciência de classe das massas exploradas deu sinais de despertar e o desenvolvimento. As indicações de uma crescente agitação entre os trabalhadores eram visíveis em todos os lugares. Na Inglaterra, os remanescentes da organização cartista ajudaram habilmente na construção dos sindicatos; a legislação fabril, que regulamenta as horas de trabalho e principalmente o trabalho infantil, foi o primeiro produto direto dessa agitação e conscientização crescente. Na Alemanha, Ferdinand Lassalle estava soando o sinal de alerta da ação proletária ao longo das linhas de classe; e na França a atividade das organizações operárias, particularmente em Paris, Lyon e outros centros industriais, claramente traiu um espírito sempre crescente de solidariedade da classe trabalhadora.

Esta crescente solidariedade entre os trabalhadores foi estimulada e instada a uma manifestação mais concreta, através da crescente amizade e relações fraternas entre os capitalistas de vários países, como ilustrado na segunda Exposição Universal, realizada em Londres em 1862. A exposição reuniu um grande número de homens de negócios e fabricantes de todos os cantos do globo. E aqui, em recepções e banquetes, os conhecidos se desenvolveram e as relações entre os exploradores do mundo se solidificaram a tal ponto que a exposição passou a ser conhecida entre os trabalhadores como "As Internacionais". O suplemento a estas "Internacionais" nasceu, quando em 28 de setembro de 1864, representantes dos trabalhadores da Inglaterra, França, Alemanha, Polônia e Itália se reuniram em St. Martin's Hall, Londres, e sob proposta do delegado francês, M. Le Lubez organizou a expressão proletária da solidariedade internacional sob o nome de Associação Internacional dos Trabalhadores - a Primeira Internacional.

Karl Marx participou ativamente do trabalho preliminar necessário para a convocação da conferência. Como secretário correspondente para a Alemanha, foi ao mesmo tempo membro da comissão eleita para redigir a constituição, programa ou plataforma etc., também à qual foi confiada a gestão temporária dos assuntos da jovem organização. Desnecessário dizer que o esboço da declaração de princípios e constituição da associação era um assunto bastante delicado e complicado, e exigia um conhecimento profundo das condições da classe trabalhadora nos diferentes países europeus. Além disso, naquele estágio inicial de desenvolvimento capitalista, relativamente falando, é claro, o programa da Associação Internacional dos Trabalhadores teve que ser formulado de forma a não colidir ou ser um obstáculo para os diferentes países em seus vários estágios de evolução capitalista.

Sob tais múltiplas condições sociais e políticas e neste período particular de desenvolvimento capitalista, as funções da Internacional poderiam ser, na melhor das hipóteses, apenas de assessoria e capacidade educacional, e seus efeitos principalmente de caráter moral. As Internacionais deveriam ser uma manifestação permanente ou permanente da solidariedade internacional do proletariado, e seus escritórios deveriam ser empregados para encorajar, desenvolver e cimentar essas relações entre os trabalhadores nos diferentes países, sempre que possível. Marx sabia que apenas um proletariado organizado internacionalmente e com consciência de classe poderia esperar enfrentar e derrotar a classe capitalista e destruir o modo de produção capitalista - uma instituição internacional; ele também sabia que a organização e a educação dos trabalhadores teriam que andar de mãos dadas com o desenvolvimento do capitalismo, se os trabalhadores quisessem alcançar seu fim; ele sabia que nenhum sistema econômico jamais desapareceu ou foi aliviado por outro sistema até que tivesse desenvolvido todas as faculdades inerentes a ele; ele, portanto, sabia que um trabalho pioneiro tedioso teria de ser feito e que a revolução social não seria realizada através da rota da conspiração, ação direta espontânea de "minorias" autodenominadas, assassinato e fraseado bombástico. Em torno de qual padrão programático o proletariado internacional deveria organizar suas forças?

Foi Marx quem redigiu a constituição e o programa da Associação Internacional dos Trabalhadores, documentos que foram adotados por unanimidade pela organização. Na declaração de princípios, mais conhecida como "Discurso de posse", Marx traçou um plano de ação imediata para o proletariado. Essa atividade constituía apenas "uma parte", para falar nas palavras do "Discurso", "da luta geral pela emancipação das classes trabalhadoras". O "Discurso Inaugural" foi filho do "Manifesto Comunista". Também chamou a atenção e enfatizou a riqueza cada vez maior nas mãos da minoria possuidora da sociedade, e contrasta isso com o número cada vez maior da classe trabalhadora sem propriedade e a miséria crescente dessa classe, enfatizando fortemente o antagonismo de classe entre os exploradores e os explorados - um antagonismo que é apenas o reflexo das divisões econômicas na sociedade capitalista, divisões que são a fonte original da agitação social. O "Discurso Inaugural" exorta os trabalhadores a se levantarem contra a miséria e a exploração e os aconselha - reconhecendo plenamente a importância da jornada legal de dez horas na Inglaterra - a conduzir esta luta por meio da ação política independente e construtiva, ou seja, protetora legislação de fábrica; esta atividade deveria ser empreendida, no entanto, sempre com o objetivo final em vista de conquistar o poder político para o proletariado, a fim de usar a máquina política do estado capitalista para destruir para sempre todo o domínio de classe.

O documento dá um peso especial à necessidade de solidariedade internacional da classe trabalhadora, uma solidariedade da qual surge um importante dever, a saber: controlar cuidadosamente a política externa dos vários governos capitalistas, e protestar enfaticamente e usar todo o seu poder. o comando operário, caso essa política tenha objetivos criminosos, explora conscientemente os preconceitos nacionais e tende a desperdiçar o sangue e os bens do povo nas guerras de conquista. Quando lemos esta passagem à luz da guerra atual, então podemos quase perceber o significado do aviso: um aviso que, no entanto, não foi atendido porque o nacionalismo gerado pelas condições materiais na base do imperialismo moderno - entenda bem - o capitalismo nacional afundado - conseguiu até mesmo permear o movimento operário, tornando-se por enquanto predominante em influência, chegando a fazer solidariedade internacional, logo os interesses de classe do proletariado, subservientes ao seu objetivo.

No entanto, estou rejeitando o assunto propriamente dito. Os princípios e sugestões táticas que acabamos de apresentar a você podem ser considerados as aspirações básicas e os objetivos finais e imediatos da primeira Internacional em seu início. À medida que os anos de experiência e luta constante varriam esta organização de classe ainda grosseira e imatura do proletariado internacional, os pensadores lúcidos à sua frente foram obrigados a admitir que a batalha dos trabalhadores pela emancipação era de fato uma luta árdua: uma luta que estava inseparavelmente entrelaçado com o desenvolvimento e o aperfeiçoamento do próprio sistema que eles, os proletários, estavam destinados a destruir. Na organização e na crescente consciência de classe do proletariado é refletida a organização e o crescente poder do sistema capitalista de produção; o crescimento de uma camada social força o crescimento da outra, e assim como a vida intensa prenuncia uma morte prematura, também esta antítese social pressagia seu ápice na revolução social.

O processo de evolução econômica, com as manifestações de classe que o acompanham, é, no entanto, como afirmado antes, tediosamente lento. Para o indivíduo, consciente de seu status econômico e ciente do papel histórico que o proletariado deve desempenhar no futuro, o desenvolvimento social parece estagnado e a sociedade intelectualmente corrompida ou fossilizada - adormecida. Para ele a revolução é uma realidade mental, e poderia se tornar material, se, sim, se, os trabalhadores apenas vissem a luz e se tornassem conscientes de classe, ou seja, só se tornassem socialistas. O indivíduo que raciocina dessa maneira, e que, aliás, não é de forma alguma uma raridade no movimento de hoje, é tudo menos um Socialista no Materialismo Histórico, que é a concepção científica do termo. Ele é um idealista em ascensão, que perdeu o fundamento firme da realidade histórica e das possibilidades materiais sob seus pés, e que é, consequentemente, utópico em suas deduções, ações e táticas.

A Primeira Internacional, como também o movimento socialista de hoje, foi abundantemente abençoada, com um grande número desses camaradas indubitavelmente sinceros, mas intelectualmente desequilibrados. Karl Marx e seus seguidores, percebendo a sociedade capitalista através dos espetáculos da evolução dialética e do materialismo histórico, e vendo em todas as suas manifestações apenas o sinal lógico do desenvolvimento social, estavam fadados a colidir com o idealista gasoso, que contemplava revolucionar a sociedade pela estrada da conspirações de bastidores e levantes armados, especialmente em uma época em que a prosperidade esporádica momentaneamente cegou o escravo de salário médio para suas condições reais.

Essa luta entre o materialismo histórico e o idealismo utópico foi amplamente registrada pelos historiadores socialistas como uma luta pessoal entre Marx e Bakunin pela liderança na Internacional. Esses escritores também são tudo o mais, menos historiadores socialistas, porque se sua concepção fosse verdadeira, então os fantasmas de Marx e Bakunin estão, nos dias atuais, ainda buscando resolver suas disputas pessoais no movimento socialista e radical, de cada país moderno na face do globo. A luta entre o materialismo histórico, ergo científico Socialismo e idealismo utópico - seja disfarçado de Oportunismo, Impossibilismo, Anarco-Comunismo etc., não importa - primeiro tomou forma na primeira Internacional e foi liderada por Karl Marx e Michael Bakunin, respectivamente. Não se deve confundir com a batalha intelectual e a polêmica entre o socialismo científico e o utopismo das escolas francesa e inglesa.

Como afirmado antes, a luta intelectual entre essas duas concepções ainda está acontecendo no movimento, e continuará até que o materialismo histórico ou a concepção materialista da história se torne a concepção predominante na sociedade - tanto filosoficamente quanto socialmente: uma revolução intelectual da qual estamos nos aproximando rapidamente e que tem suas raízes nas condições materiais da produção capitalista. A atual guerra mundial, creio eu, tem sido um excelente professor nessa direção. Nunca os interesses, aspirações de classe e forças econômicas das classes dominantes e seus governos flexíveis foram tão abertamente expostos, e nunca li e percebi mais artigos e livros, tratando dos aspectos econômicos e sociais da guerra, escritos e publicados por burgueses membros da sociedade do que desde o início da guerra. É claro que, no movimento socialista, a guerra também foi um grande incentivo para estudar e, particularmente, para mergulhar nos "mistérios" da fundação do Socialismo Científico - a Concepção Materialista da História.

Para voltar ao assunto. Não se pode negar, entretanto, que a luta entre o Materialismo Histórico e o Idealismo Utópico, como personificado em Karl Marx e Michael Bakunin, tendeu gradualmente a perturbar a forma já solta da organização da Internacional. Esta desintegração, contudo, carregava dentro de seu ventre os germes de consolidação e organização ao longo das linhas nacionais. E é peculiar como o curso subsequente dos acontecimentos forneceu prova adicional da solidez do método Marxista de análise histórica; pois não é realmente uma coincidência marcante apenas explicável com a ajuda da chave Marxista, quando percebemos que em todos os países com uma fisionomia capitalista proeminente, o Marxismo exerceu controle total na organização, e nos países latinos e principalmente agrários, o Bakunismo pôde ser observado lado a lado com o Marxismo.

Então também o capitalismo estava neste período começando a esculpir seu destino nacional em países como Alemanha, França, Itália, Estados Unidos etc., e neste processo uma série de chamados problemas nacionais foi levantada: problemas, entretanto, que teve uma influência perturbadora e um efeito desintegrador sobre a Internacional. A este respeito, desejo citar a Guerra Franco-Prussiana, que resultou na unificação dos vários estados alemães e na organização de uma poderosa classe capitalista na Alemanha. A reação das conquistas alemãs e da anexação da Alsácia-Lorena, e o esmagamento bestial da Comuna de Paris com a ajuda de Bismarck, inflamaram e despertaram o orgulho nacional do povo francês e conjuraram o espectro da "vingança" em cena. A conquista imperturbada dos mercados mundiais pela Inglaterra, uma conquista firmemente cimentada por lucrativas possessões coloniais, trouxe uma era de prosperidade para os trabalhadores britânicos, é claro, relativamente falando; e o plano dos imperialistas britânicos de criar um chamado império mundial, é claro sob o protetorado da Grã-Bretanha, um plano que foi habilmente defendido por Lord Beaconsfield e que realmente virou a cabeça de alguns homens proeminentes na Inglaterra movimento operário, entre eles Joseph Cowen, que tinha sido um forte defensor da Internacional, criou tal espírito de chauvinismo na Inglaterra e foi produtivo de uma arrogância nacional, que até hoje só encontra seu paralelo em certos tipos de trabalhadores alemães .

Estas foram as condições e motivos que levaram o Congresso da Internacional de Haia, em 1872, a transferir a sede do Conselho Geral da organização para Nova Iorque: uma decisão que na realidade e efeito prático implicou na dissolução e no fim do Associação Internacional de Trabalhadores.

Como membro do Conselho Geral, Marx permaneceu fiel às Internacionais até o fim. E para ele a dissolução desse corpo tão temido implicava apenas a reorganização das forças proletárias em uma escala maior e mais consciente. O "Discurso de posse" e "A Guerra Civil na França" são duas publicações e documentos históricos da Associação Internacional dos Trabalhadores, da qual ele é o autor, e que são notáveis sinais da marcha do proletariado para a emancipação. Eles são suplementos realmente adequados para o "Manifesto Comunista".

No entanto, ninguém jamais saberá o volume de trabalho realizado por Marx como o chamado chefe intelectual das Internacionais. Apenas uma pequena parte desta atividade está disponível em documentos. Como líder, educador e conselheiro de líderes, desempenhou um serviço inestimável, não só enquanto membro do Conselho Geral, mas até a morte. Para quem não está familiarizado com as condições, as condições turbulentas e primitivas que existiam nos primeiros dias do movimento operário moderno, nenhuma concepção adequada da magnitude colossal dessa tarefa pode se apresentar. Contudo, não é exagero quando afirmo, e minha afirmação é baseada nos relatos de homens que por anos viveram em associação íntima com Marx, que era principalmente essa enxurrada diária de detalhes, que constantemente continuava fluindo sobre ele de todos os cantos e cada canto do globo e exigia seu tempo e atenção, o que o impedia de dedicar todas as suas energias aos estudos científicos muito mais importantes.

Marx era um aluno e conselheiro muito meticuloso, e podia dedicar dias à pesquisa, a fim de fornecer uma resposta autêntica a um inquérito. Além das causas históricas citadas acima, temos aqui uma causa tributária responsável pela aposentadoria de Marx da liderança da Internacional - aposentadoria que veio junto com a desintegração da organização. Apenas nesta fase de absorção de energia da atividade de Marx, podemos também localizar o motivo pelo qual no dia de sua morte, 14 de março de 1883, o segundo volume de "O Capital" ainda estava incompleto, e o material para o terceiro volume havia sido apenas coletados e sugeridos de forma fragmentada ou esboçados em seu caderno. No entanto, para citar novamente Klara Zetkin: "A obra principal de Marx é comparável a um grande torso de arte antiga, que mesmo em sua forma mutilada fala de maneira mais impressionante e encantadora à nossa alma do que dezenas de esculturas concluídas."

Esta apresentação da vida e das obras de Marx seria, no entanto, seriamente defeituosa, se nenhuma explicação da vida doméstica mais íntima de Marx fosse prestada, isto é, se fosse omitida aquela fase da vida que é realmente o elemento básico de toda atividade social. A vida cotidiana. Para fazer isso com inteligência, é necessária uma compreensão das condições materiais ou do ambiente social em que viveu e das características de Marx e de seus inseparáveis companheiros.

Marx pode verdadeiramente, e sem se entregar a exageros banais, ser celebrado como um tipo ideal de revolucionário. Ele era, é verdade, principalmente um cientista; um cientista, no entanto, que depois de chegar a uma dedução definida exigindo uma certa forma de ação não se esquivou do dever que lhe era imposto pela investigação científica e pelas circunstâncias sociais, mas assumiu alegremente a tarefa e trabalhou incansavelmente para realizar as demandas da evolução social. Karl Marx foi um verdadeiro cientista, que não se considerava um átomo neutro e independente do organismo social - um átomo que podia funcionar sem afetar outros átomos - mas um cientista que, através do resultado de suas descobertas científicas, se sentiu moralmente compelido a participar de a reconstrução da sociedade, que se tornou um revolucionário, porque quis ser e permanecer um verdadeiro cientista.

Em Marx, portanto, o mundo científico encontra um homem que, por meio de sua aguda análise e compreensão dos fenômenos sociais, dedicou suas faculdades à causa da classe trabalhadora deserdada; porque, ao contrário de tantos de seus contemporâneos, ele via naquela classe o pioneiro de todo progresso real, e também porque para ele o interesse social era muito mais importante do que seu próprio bem-estar material. Ele foi um revolucionário consistente, porque procurou ser e permanecer um cientista consistente. Aqui temos um exemplo gratificante em que a teoria é complementada pela ação correspondente: onde a conduta de um homem se enquadra em seus princípios. Para Marx, convicção científica e investigação desimpedida eram tudo, e com desprezo soberano ele desprezou e tratou aquela tão numerosa tribo de escribas professores, que vendem esses pré-requisitos indispensáveis de liberdade pela proverbial bagunça de sopa. E só porque Marx era um cientista investigador e suas descobertas científicas o tornavam um revolucionário, é por isso que ele foi condenado ao ostracismo pela classe que hoje, em virtude de seu poder econômico, está no controle das instituições de ensino: que é por isso que Marx foi condenado a lutar contra a pobreza mais terrível durante a maior parte de sua vida.

Para Marx, porém, a pobreza era um incidente de importância secundária e considerada o produto legítimo de uma manifestação social de importância primordial para ele, e esse era o movimento - seu ideal. Marx, como todos os grandes literatos ou gênios, era um pobre homem de negócios e um fracasso absoluto como administrador das coisas práticas da vida cotidiana. Para ele, a vida parecia ser um meio para a realização de certos objetivos e a promoção do bem-estar social, e não uma ocasião para conversar sobre negócios, a satisfação de desejos pessoais mesquinhos e o acúmulo de riquezas etc.

Desde o início de seu exílio em Londres e praticamente até sua morte, Marx e sua família carregaram um fardo de pobreza muito mais pesado e insuportável do que aquele carregado pela família proletária média naquela época. Havia dias na casa de Marx em que o fogão estava frio, a geada cortava, a despensa vazia e a fome na conta de comida; quando o impaciente senhorio atacou e ameaçou, e os rostos famintos das crianças e os olhares suplicantes pareciam se constituir em uma verdadeira acusação contra o pai.

Essas condições insatisfatórias, sim, as mais miseráveis das condições miseráveis doeram profundamente a Marx. Não porque temesse ou se importasse com os sofrimentos materiais; não, Marx superou essas adversidades da vida cotidiana com uma despreocupação verdadeiramente nobre.

O que, no entanto, o afetou e doeu profundamente foi ver sua esposa, esta fiel companheira de seus alegres dias de infância, e seus amados pequeninos sofrerem. Marx idolatrava sua esposa e adorava seus filhos com um amor e uma adoração sem limites. E, portanto, quando duas de suas filhas e seu único filho, seu pequeno Moosh, sucumbiram a essa pobreza lamentável, foram, por assim dizer, sacrificados no altar da ciência incorruptível e inovadora e à causa do proletariado e emancipação social, sua dor era incontrolável e lançou as bases para sua morte prematura. Desde a morte de seu filho, uma criança que carregou a maldição física da pobreza desde o dia de seu nascimento até sua morte, ele nunca se recuperou. Para que eu não desperte o sentimento de dúvida em meus auditores ou seja acusado de exagero, permita-me citar uma carta da Sra. Marx para a Sra. Weydemeyer, esposa de um amigo íntimo de Marx residente em Nova Iorque:

"Minha cara Sra. Weydemeyer:

Em resposta à sua amável carta, que recebi esta manhã, e para mostrar o quanto fiquei feliz em recebê-la, vou escrever-lhe uma carta detalhada de uma vez, pois agora vejo por sua escrita que gostaria de ouvir de nós, e que você ainda preservou os mesmos sentimentos de amizade que preservamos.

Pois como seria possível para tão velhos e provados camaradas e amigos, a quem o Destino deu os mesmos sofrimentos, os mesmos prazeres, os mesmos dias felizes e tristes, se tornarem estranhos, embora o tempo e o oceano intervenham? Então eu estendo minha mão a você, como a um bravo, verdadeiro companheiro da adversidade, um companheiro lutador e sofredor. Sim, de fato, minha querida Sra. Weidemeyer, nossos corações muitas vezes se encheram de tristeza, e posso muito bem imaginar o que você precisou enfrentar, de novo, ultimamente! Compreendo perfeitamente tudo o que você tem que enfrentar, os cuidados e privações, pois nunca sofri o mesmo com frequência! Mas o sofrimento e o amor dão força.

Os primeiros anos de nossa vida aqui foram amargos, mas não vou me alongar nessas tristes lembranças de hoje, nas perdas que sofremos, nem nas queridas e doces crianças que partiram, cujas imagens estão gravadas em nossos corações com tanta tristeza.

Em vez disso, escreverei sobre um período mais novo de nossa vida, que, apesar de muita tristeza, nos trouxe muitos brilhos de felicidade.

Em 1856, viajei para Trier com minhas três filhas restantes. Minha querida mãe ficou radiante com nossa chegada, mas, infelizmente, a alegria estava fadada a ser curta. As mais fiéis, as melhores mães adoeceram e, depois de sofrer por onze dias, fechou seus olhos queridos e cansados, seu último olhar pousando com ternura nas crianças e em mim. Seu querido marido, que sabia como ela era uma mãe amorosa, pode estimar melhor meu pesar. Colocamos o corpo amado em seu último lugar de descanso, e deixamos Trier, depois de ter resolvido o pequeno legado de minha querida mãe, dividindo-o igualmente entre meu irmão Edgar e eu.

Até então vivíamos, em Londres, em dois quartos miseráveis. Agora podíamos, por meio das poucas centenas de táleres que minha que-

rida mãe me deixou, apesar de todos os sacrifícios que ela fez por nós, fornecer um pouco casa para nós mesmos, não muito longe da bela Hampstead Heath, e que ainda estamos ocupando.

É, realmente, uma residência principesca, em comparação com nossos antigos buracos estreitos, e embora o mobiliário de toda a casa nos custe apenas quarenta libras ('lixo de segunda mão' desempenhando o papel principal), nos sentimos bastante 'agitados', possuindo, como tínhamos, uma sala de estar. Todos os linhos e outros resquícios da antiga grandeza foram agora resgatados das mãos do 'Tio', e foi uma alegria para mim poder contar meus guardanapos de damasco de origem escocesa velha mais uma vez. Essa grandeza, no entanto, foi de curta duração, pois logo depois, uma peça após a outra teve que vagar de volta para a "Pop House" (como as crianças chamam a misteriosa loja das Três Bolas). Ainda assim, nos deu grande prazer em viver mais uma vez em conforto e facilidade comparativos.

Então veio a primeira crise americana e nossa renda foi cortada pela metade. Nossas despesas de vida tiveram que ser aparafusadas mais uma vez, e até tivemos que contrair dívidas. Estas tiveram que ser incorridas para poder continuar a educação de nossas meninas como começou.

E agora eu chego à parte mais brilhante de nossa vida, a partir da qual a única luz e felicidade foi derramada sobre nossa existência - nossos queridos filhos. Tenho certeza de que seu marido, que gostava tanto das meninas quando elas eram crianças, fique mais sinceramente satisfeito com elas agora, já que se tornaram jovens altas e esplendorosas.

Embora eu deva temer que você me tome por uma mãe um tanto presunçosa e fraca, vou lhe dar uma descrição dessas queridas moças louváveis. Ambas são excepcionalmente bondosas, de temperamento generoso, de modéstia verdadeiramente amável e pureza de menina. Jenny fará dezessete anos de idade no dia primeiro de maio. Ela é uma garota muito charmosa, com uma aparência bastante bonita com seus cabelos escuros e brilhantes e olhos igualmente escuros e brilhantes e sua tez morena e crioula com sua saúde adquirida em tons ingleses. A expressão agradável e bem-humorada de seu rosto redondo e infantil faz esquecer que ela tem um nariz pontudo, o que talvez não seja bonito em si, e é um verdadeiro prazer quando ela fala, observar a boca amiga com seus dentes finos.

Laura, que tinha quinze anos em setembro passado, é talvez mais bonita e de feições mais regulares do que sua irmã mais velha, cujo oposto ela é. Embora ela seja tão alta quanto Jenny, tão esguia e delicadamente formada, há algo mais leve, mais brilhante e mais lúcida sobre ela. A parte superior de seu rosto pode muito bem ser chamada de bela com suas ondas de cabelo encaracolado de castanho, seus doces e queridos olhos de mutáveis luzes esverdeadas que queimam como fogos triunfais, e sua testa bem formada e nobre. A parte inferior do rosto é menos regular, sendo menos desenvolvida. Ambas as meninas têm tez rosada e florida, e muitas vezes fico maravilhado com sua falta de vaidade, pois me lembro muito bem que o mesmo não poderia ter sido dito de sua mãe em uma certa tenra idade!

Na escola elas sempre conquistaram os primeiros prêmios. Sentem-se perfeitamente à vontade em inglês e são bastante avançados em francês. São capazes de ler Dante em italiano e também sabem um pouco de espanhol; a língua alemã parece dar-lhes maior dificuldade, embora eu use todos os meios ao meu alcance para convencê-las a ter uma aula de alemão de vez em quando, meus desejos nem sempre encontram obediência, então você vê que o respeito por mim e minha autoridade não são muito grandes. O talento especial de Jenny é para desenhar, e os melhores enfeites em nossa casa são seus desenhos em giz de cera. Laura foi tão negligente com o desenho que tivemos que privá-la dessa instrução, como punição. Ela adora praticar piano, no entanto, e canta um inglês encantador e duetos alemães com a irmã dela. Infelizmente, elas começaram o ensino musical um tanto tarde, tendo começado há apenas um ano e meio. Foi impossível para nós arrecadar dinheiro para essas despesas, pois não tínhamos piano. Aquele que temos agora é apenas um contratado, e está velho e dilapidado.

As meninas são um prazer constante para nós, pelo seu temperamento afetuoso e altruísta. A irmã mais nova, porém, é o ídolo de toda a casa.

Esta criança nasceu na época em que nosso pobre e querido Edgar partiu da vida, e todo o nosso amor pelo irmão mais novo, toda a ternura por ele, foram agora derramados sobre a irmã mais nova, a quem as meninas mais velhas estimam com solicitude maternal. Mas dificilmente se poderia encontrar uma criança mais adorável, tão bonita, ingênua e cheia de humor engraçado é ela. Sua maneira encantadora de falar e contar histórias é verdadeiramente notável. Isso ela aprendeu com os irmãos Grimm, que são seus companheiros de dia e de noite. Nós todos lemos contos de fadas até ficarmos quase cegos, mas ai de nós se esquecêssemos uma sílaba de Rumpelstilzkin ou Schneewittchen! Por meio dos contos de fadas, ela aprendeu a língua alemã, que fala bem além da língua inglesa, que naturalmente fica no ar. Este pequeno é o animal de estimação favorito de Karl, rindo e conversando sobre muitos de seus problemas.

Estou feliz por ainda ter nossa querida, leal e conscienciosa Lenchen para me ajudar nas tarefas domésticas; pergunte ao seu querido marido sobre ela, ele afirmará que ela é um tesouro para nós. Por dezesseis anos ela tem estado fielmente ao nosso lado durante a tempestade e adversidade.

No ano passado sofremos grande aborrecimento com os ataques infames e vis feitos por toda a imprensa alemã, americana etc. Zeitung nos custou uma grande soma de dinheiro, e quando Karl teve seu livro pronto, ele não conseguiu encontrar nenhum editor que o aceitasse. Ele finalmente teve que publicá-lo, às suas próprias custas (pagando 25 libras) e agora após seu lançamento, a imprensa covarde e corrupta está tentando matá-la pelo silêncio. Fiquei encantada por você estar satisfeita com o livro. Sua opinião é quase literalmente idêntica à de todos os nossos outros amigos. Por meio do desrespeito intencional do livro pela imprensa, não conseguiu atingir a esplêndida venda que tínhamos todo o direito de esperar.

Enquanto isso, a alta aprovação de todos aqueles de posição intelectual mais importante deve nos satisfazer. Nossos adversários e inimigos tiveram que reconhecer seu alto valor. Bucher o descreveu como um compêndio da história dos séculos, e Lassalle escreve que o prazer proporcionou a ele e seus amigos com essa obra de arte eram indescritíveis, e que sua alegria e deleite com tanta inteligência eram ilimitados. Engels considera este o melhor livro de Karl, assim como 'Lupus' [Johann Friedrich Wilhelm Wolff]. Chegam parabéns de todos os lados, até mesmo nosso velho inimigo, Ruge, chama de boa farsa. Estou curioso para ver se a América observará o mesmo silêncio. Isso seria realmente revoltante, depois de ter dado espaço a todas aquelas mentiras e calúnias inúteis. Talvez seu querido marido possa dar alguma ajuda na disseminação de sua circulação.

Mal tinha acabado de copiar o manuscrito, quando de repente adoeci. Uma febre terrível me atacou e tivemos que chamar um médico. No dia 20 de novembro ele veio, me examinou com atenção, e depois de muito tempo calado interrompeu as palavras: 'Minha cara Sra. Marx, lamento dizer que você pegou a varíola - as crianças devem sair de casa imediatamente.' Você pode imaginar a angústia e a tristeza de toda a família com esse veredicto. Os Liebknechts se ofereceram destemidamente para abrigar as meninas em sua casa e, ao meio-dia, elas haviam entrado no exílio, levando consigo seus poucos pertences.

Ficava cada vez pior, hora após hora, a varíola estourando da pior forma. Eu sofri muito, muito mesmo. Dores terríveis, ardentes em meu rosto, sonolência completa, com medo mortal por Karl, que cuidou de mim com a maior ternura, finalmente a perda de todos os sentidos, exceto o sentido interno da consciência, que permaneceu claro. Deitei-me na cama junto à janela aberta, de modo que o ar frio de novembro soprou sobre mim. Ao mesmo tempo, havia um fogo incandescente no fogão; gelo foi colocado sobre meus lábios ardentes, e de vez em quando vinho de Bordeaux foi infundido em pequenas quantidades. Eu mal conseguia engolir, minha audição ficava cada vez mais fraca, finalmente os olhos se fecharam completamente - quem poderia dizer se eu seria capaz de ver a luz do dia novamente?

Mas minha constituição foi vitoriosa, a enfermagem mais terna e fiel assistida - e por isso estou sentada aqui novamente em plena saúde, mas com o rosto desfigurado, marcado por cicatrizes e uma coloração vermelho-escura - bastante a la hauteur de la mode couleur de Magenta! [no auge da moda colorida do Magenta]. Chegou a véspera de Natal e, pela primeira vez desde a minha doença, as pobres crianças puderam regressar à sua tristemente saudosa casa. Este primeiro encontro foi indescritivelmente patético. As meninas ficaram profundamente afetadas e mal conseguiram conter as lágrimas quando me viram. Mas cinco semanas antes eu tinha feito uma aparência bastante aceitável ao lado de minhas filhas florescendo. Devido ao fato surpreendente de ainda não ter cabelos grisalhos e possuir bons dentes e corpo, eu pertencia à classe das mulheres bem preservadas - mas agora tudo isso se foi! Me senti como se fosse um hipopótamo, pertencendo mais ao Jardim Zoológico do que à raça caucasiana. Mas não me deixe assustar muito. Minha aparência melhorou um pouco, e as cicatrizes estão começando a curar.

Eu mal havia me recuperado o suficiente para ser capaz de deixar minha cama, quando meu amado Karl adoeceu. Medo excessivo, ansiedade e aborrecimentos de todo tipo e descrição o jogaram em seu leito. Pela primeira vez, seu problema crônico de fígado tornou-se agudo. Mas, graças a Deus, ele se recuperou após uma doença de quatro semanas. Nesse ínterim, o Tribune nos cobrou a metade do pagamento novamente e, em vez de recebermos alguns recibos do livro, fomos obrigados a encontrar uma nota. Somado a isto, foi a enorme despesa da mais terrível das enfermidades. Em resumo, agora você tem uma ideia de como nos saímos no inverno passado.

Como resultado de todos estes assuntos, Karl resolveu fazer uma expedição à Holanda, a terra do tabaco e do queijo. Ele se esforçará para induzir seu tio a ajudá-lo com dinheiro. Portanto, sou uma viúva da erva no momento presente, e com grande esperança de que o grande empreendimento da Holanda seja bem-sucedido. No sábado da semana passada, recebi a primeira carta, que continha expressões esperançosas e sessenta gulden. Naturalmente, tal missão não é facilmente cumprida; leva tempo; é preciso ser expedito, usar a diplomacia e ser um bom gerente. Tenho esperança, no entanto, de que Karl drenará a Holanda e deixará o país pobre.

Assim que tiver sucesso na Holanda, fará uma viagem secreta a Berlim, a fim de reconhecer as condições de lá com o possível plano de arranjar um periódico semanal ou mensal. As últimas experiências nos convenceram muito bem de que nenhum progresso é possível sem nosso próprio jornal. Se o plano de Karl de criar um novo jornal do partido for bem-sucedido, ele certamente escreverá para seu marido solicitando relatórios da América.

Logo após a partida de Karl, nossa fiel Lenchen adoeceu e hoje ela ainda está de cama, embora a caminho da recuperação. Por isso estou muito ocupada e tive que escrever esta carta com muita pressa. Mas não pude e não quero mais ficar calada, tem sido um grande alívio descarregar meu coração aos meus amigos mais antigos e verdadeiros. Não vou lhe dar desculpas por ter escrito detalhadamente sobre tudo e todos. Minha caneta fugiu comigo, e só posso esperar e desejar que você experimente apenas um pouco do prazer que senti ao ler sua carta. Já atentei para a nota e tudo está em ordem, como se meu senhor e mestre estava aqui.

Minhas meninas enviam seus mais sinceros cumprimentos e beijos a seus queridos filhos - uma Laura cumprimenta a outra - e eu beijo cada um deles em espírito. A você, minha querida amiga, eu envio meus mais calorosos cumprimentos. Que você permaneça corajosa e inabalável nestes dias de provação. O mundo pertence aos corajosos. Continue a ser o apoio forte e fiel de seu querido marido e permaneça elástica em mente e corpo, o verdadeiro camarada 'não respeitado' de seus queridos filhos, e deixe-me ouvir de você novamente em sua primeira oportunidade. Sua amizade sincera,

Jenny Marx."

Diante de fatos tão frios, cruéis e desumanos, diante de tão insuportável miséria, o comentário e a apreciação crítica ficam paralisados: horrorizados com o choque inerente a esta trágica revelação de uma página da vida de um homem, hoje aclamado e idolatrado como o formulador de um sistema filosófico para a concepção adequada dos fenômenos históricos, e um pioneiro, se não o líder, da economia política moderna - que é considerado o fundador de um movimento cujos membros agora chegam a milhões e que exerce um potencial influência em todos os países civilizados da face do globo! Qualquer comentário adicional, em face de tão ilimitado e belo idealismo e augusta devoção, parece um sacrílego e apenas estragaria a profunda impressão criada por esta narração despretensiosa de uma fase na vida deste homem verdadeiramente grande e nobre. Concluindo, tomo a liberdade de citar aquela passagem conhecida, passagem também citada pela filha de Marx ao encerrar seu comentário sobre a vida turbulenta de seu pai:

> *"'Os elementos*
>
> *Tão misturado nele que a Natureza pode se levantar*
>
> *E dizer a todo o mundo 'Este era um homem'."*

O próximo artigo desta série será um ensaio sobre "Um esboço para o estudo do marxismo".

UM ESBOÇO PARA O ESTUDO DO MARXISMO

Como um suplemento adequado às conferências publicadas sob este título nos três primeiros números desta palestra, tentarei agora fornecer ao leitor uma compilação de obras que considero absolutamente essenciais para um estudo sério e abrangente do socialismo. Na humilde opinião do escritor, tal estudo deve inevitavelmente levar a uma compreensão científica do marxismo - uma compreensão bastante imperativa para uma avaliação inteligente e sólida do capitalismo.

Provavelmente não há teoria social fora das várias concepções religiosas, e nenhum livro, exceto a Bíblia, que pode se orgulhar de mais adeptos e defensores em todo o mundo do que Socialismo e "O Capital". O socialismo é hoje um fator na vida social e política de cada nação, e as proposições teóricas e os princípios básicos do marxismo são, neste período turbulento, a força revolucionária e o padrão intelectual em torno do qual os trabalhadores e todos os estudantes verdadeiramente desinteressados de Sociologia e Economia Política se reúnem em sua luta contra as influências degradantes das Ciências Sociais mercenárias. O marxismo pode, portanto, e sem se entregar ao exagero, reivindicar o legado da Economia Política Clássica e considerar-se o único herdeiro legítimo dos valores científicos desta ciência. E agindo de acordo com esse ditame de desenvolvimento social, Marx ergueu sobre a base sólida lançada por Petty, Smith, David Ricardo e Mills uma estrutura verdadeiramente maciça, colossal e inspiradora em sua grandeza poderosa e irresistivelmente convincente, sim, inatacável e irrefutável em a profundidade científica de sua construção.

Como foi amplamente elucidado e suficientemente explicado, as duas proposições sobre as quais se baseia o sistema teórico de Marx e cuja devida apreciação é absolutamente necessária para uma compreensão completa e racional do marxismo são a concepção do Materialismo Histórico e a crítica e análise socialista da produção capitalista, ou Capitalismo. Abordei longamente essas duas fases fundamentais das cartas socialistas em minhas palestras e, portanto, não considero essencial entrar em uma discussão delas aqui, ou mesmo enfatizar a importância de seu estudo e assimilação apropriados.

Todo cientista concederá que a base para uma compreensão competente ou domínio sobre qualquer ramo do aprendizado repousa unicamente no estudo sistemático e na classificação e aplicação bem-organizadas do conhecimento ou assunto absorvido. O socialismo não é exceção à regra. Para um conhecimento profundo dos elementos da Filosofia e Economia Socialista, um curso bem planejado e sistematicamente executado de leitura crítica e estudo diligente é absolutamente essencial. Tal curso de leitura e estudo está, entretanto, tomando as condições presentes no campo da literatura socialista como um critério, não tão facilmente compilado; especialmente, se o futuro aluno tentar realizar essa tarefa por si mesmo, ou seja, sem obter o conselho ou advogado de uma autoridade competente. Em nenhum campo de esforço ou busca intelectual, em nenhuma ciência há mais armadilhas, empecilhos e armadilhas esperando o estudante desavisado e confiante do que no campo do Socialismo teórico. E quando vemos as inúmeras coleções de obras irresponsáveis, defeituosas, sim, em muitos casos, fundamentalmente errôneas que são oferecidas diariamente ao público como "livros didáticos reconhecidos" sobre Socialismo, então podemos facilmente explicar esta situação insatisfatória e também explicar prontamente a confusão babilônica e inconsistência criminal às vezes desenfreada no movimento socialista. Além disso, ao perceber que tais "livros didáticos", que na maioria dos casos são, na melhor das hipóteses, apenas testemunhos inquestionáveis da ignorância de seu autor sobre o socialismo, são divulgados por agências responsáveis no Partido Socialista, então o Socialista imparcial, para quem a clareza nas cartas socialistas é mais do que uma aspiração acalentada, devo confessar que certamente não é uma tarefa tão simples, afinal, para o pesquisador não iniciado, chegar a uma concepção clara e científica do marxismo.

Acredito não estar exagerando quando afirmo que nenhum movimento colocou seu fundador em um pedestal mais alto, ou prestou maior homenagem a seu mestre do que o movimento socialista. Se alguém deseja ver um exemplo de profunda gratidão e nobre afeto, que estude a sincera idolatria de Karl Marx cultivada pelo proletariado em todo o mundo. Não há país civilizado no globo em que não haja centenas de milhares de trabalhadores que se proclamem adeptos dos ensinamentos de Marx. A imagem do grande pensador adorna a sala de cada casa socialista e pode ser encontrada em cada salão socialista ou sindical. Sua obra-prima e livro-texto do socialismo científico, "O Capital", goza da admiração completa de todos os socialistas. Sejam eles revolucionários ortodoxos ou oportunistas plásticos, não importa, no elogio de Marx e suas obras eles são um e afirmam ser - marxistas. Outra peculiaridade, que tem sua origem no objetivo de explorar a reputação internacional de Marx para fins políticos, é a persistência de organizações ou facções socialistas com os princípios mais conflitantes para proclamar sua posição em conformidade com os preceitos marxistas, ou ser o apenas a "verdadeira" posição marxista.

Consequentemente, desde a morte de Marx, as mais farsas e repugnantes campanhas políticas e expedições de pilhagem foram rotuladas ou mascaradas sob o disfarce de marxismo e estão até, nos dias de hoje, usurpando o nome do grande mestre para fins de capital político. Essas táticas desagradáveis e condições desagradáveis são possíveis e toleradas no movimento socialista, porque a reverência e a confiança ilimitada depositada em Marx não se baseiam em um conhecimento sólido ou mesmo em uma familiaridade superficial com as obras reais desse célebre economista. Provavelmente não existe livro na literatura científica do mundo que goze de maior popularidade, seja mais atraente, mais recomendado e menos lido do que "O Capital". Em consequência, será difícil encontrar outra ciência, gozando da mesma popularidade que o marxismo, em cujo nome se propagam tantas visões conflitantes e errôneas. Como já foi insinuado, a causa dessas condições insatisfatórias pode ser atribuída à ignorância colossal prevalente entre os chamados socialistas "marxistas" em questões marxistas. Portanto, a única força capaz de refrear e eventualmente obliterar "esses poderes malignos das trevas" é a familiaridade com as obras de seu ídolo e o conhecimento dos ensinamentos lúcidos de seu tão proclamado líder, por meio de um estudo sistemático dos clássicos socialistas. A organização de classes ou círculos para o estudo dos clássicos socialistas deve, consequentemente, ser levada a sério por todos os socialistas que têm em mente o desenvolvimento saudável do marxismo. Um movimento político e industrial vigoroso e revolucionário do Socialismo só pode fluir de uma concepção teórica sólida do marxismo; nenhuma política consciente, eficaz e revolucionária pode ser esperada da vasta maioria das forças políticas e econômicas que agora operam sob a bandeira do socialismo.

* * *

Quando um estudante entra no estudo do Socialismo, o primeiro truísmo que ele deve lembrar é que o Socialismo como ciência não se ocupa tão extensivamente com a contemplação e elucidação da sociedade futura, como com o exame e análise econômica da atual. O Socialismo Científico é, portanto, não como é geralmente e erroneamente assumido, um sistema teórico que lida apenas com as fases multifacetadas da Comunidade Cooperativa, mas que constitui principalmente uma investigação sobre a origem, fundamento, leis e tendências perceptíveis no desenvolvimento de produção capitalista. Em consequência, o conhecimento do Socialismo não consiste na competência de um indivíduo para memorizar uma definição que formule a base econômica e social da produção socialista, ou seja, estabelecer as bases econômicas da República Industrial e as consequências sociais dela decorrentes, mas sim de sua capacidade de apresentar uma petição para o socialismo, apontando de forma convincente a necessidade e a inevitabilidade da Comunidade Cooperativa germinando no seio da sociedade capitalista.

O conhecimento do socialismo exige, portanto, em primeiro lugar, não tanto um estudo da sociedade futura, mas uma investigação completa da vida social e econômica presente. Portanto, o socialismo representa mais uma investigação da produção capitalista e uma exposição das leis sociais e econômicas subjacentes às mesmas do que uma teoria abstrata ou especulação da democracia industrial. No entanto, também deve ser enfatizado que para ter uma concepção normal, que seja cientificamente sólida, da sociedade futura e uma compreensão das forças e dos elementos sociais que a constituem, é absolutamente indispensável uma apreciação científica profunda do capitalismo.

Como uma excelente introdução aos chamados mistérios da Economia e as peculiaridades da nomenclatura Socialista, também como um livro-texto do Socialismo sem paralelo em lucidez, concisão e precisão, recomendo um estudo atento do "Programa de Erfurt", de Karl Kautsky, publicado em inglês completo sob o nome de *"The Class Struggle"* e traduzido por E. Bohn, ou capítulos dos quais são publicados em forma de panfleto sob os títulos de *"The Working Class"*, *"The Capitalist Class"*, *"The Class Struggle"* e *"The Socialist Republic"*, traduzido e adaptado às condições americanas por Daniel De Leon. Provavelmente, não há nenhum livro no sortimento nada limitado da literatura socialista que se iguale a este trabalho em sua escrupulosa exatidão de exposição; uma precisão que se torna duplamente eficaz porque está associada a uma simplicidade notável e rara na apresentação dos fundamentos marxistas.

Aqui temos um compêndio do Socialismo, escrito por um estudioso marxista de reputação internacional, clássico em seu tratamento do assunto e verdadeiramente merecedor da mais ampla circulação possível no movimento socialista e trabalhista. O "Programa de Erfurt", como sugere o título alemão de "A Luta de Classes", foi originalmente escrito para fornecer uma explicação teórica e elucidação científica do programa da Social-democracia alemã, adotado em Erfurt, 1891, para os trabalhadores. O próprio propósito e a natureza de tal trabalho fazem dele uma rica fonte de informações, especialmente para o estudante sério; porque aqui os raios penetrantes do marxismo são lançados sobre as exigências e princípios programáticos de um partido político do socialismo e empregados ou utilizados para verificar os mesmos perante o tribunal da ciência. *Das Erfurter Programm* ("O Programa Erfurt") tem um sucesso admirável na apresentação e explicação dos fundamentos socialistas para o novato ou não iniciado.

No entanto, ao fazê-lo, afirma estar, como já foi dito, a fundamentar as exigências e proposições teóricas estabelecidas no programa de Erfurt do Partido Social-democrata. Na opinião do escritor, o objeto desta esplêndida obra foi cumprido apenas parcialmente, pelo menos o objeto de seus editores, porque como defensor de fundamentos científicos sólidos não tem rival na literatura socialista, em consequência, nem pode encontrar seu igual como repudiador de paliativos e das chamadas demandas imediatas, tão populares na social-democracia alemã e com as quais o programa Erfurt está sobrecarregado.

Possuindo um conhecimento prático da gênese e do caráter da produção capitalista, também do status econômico e social das várias classes da sociedade atual, o aluno deve agora procurar familiarizar-se mais profundamente com a concepção socialista de evolução social, ou seja, com a fundamento filosófico do socialismo científico. A familiaridade com os elementos e proposições do materialismo histórico também levará a uma melhor compreensão e apreciação mais competente dos fenômenos sociais e, simultaneamente, equipará o leitor com o conhecimento que, doravante, permitirá que ele diferencie de forma inteligente entre o socialismo utópico e o científico. Recomenda-se agora um estudo intensivo da obra-prima de Friedrich Engels, "Desenvolvimento do Socialismo de Utopia para Ciência". Em conjunto com esses estudos filosóficos, o aluno deve ler as "Observações preliminares" a "Princípios de economia política", de John Stuart Mills. Nesta introdução, o grande economista inglês apresenta de forma lúcida e brilhante um breve resumo das principais etapas da evolução da raça humana. Se este trabalho não puder ser obtido, o aluno pode começar imediatamente com a "Evolução do Direito de Propriedade", de Paul Lafargue. No entanto, uma leitura diligente das "Observações Preliminares" de Mills não pode ser muito fortemente recomendada.

Para desenvolver e ampliar o conhecimento do aluno em Economia Política, o estudo das seguintes obras é oportuno e deve ser realizado na ordem em que estão listadas: "Trabalho Assalariado e Capital", de Karl Marx; "Alto custo de vida", de Arnold Petersen; "Salário, preço e lucro", de Karl Marx.

Conhecer as forças econômicas e sociais subjacentes ao desenvolvimento social, possuindo também uma concepção científica dos fenômenos sociais e das manifestações históricas; além disso, estando um tanto familiarizado com as fases gerais da evolução social, é agora desejável e absolutamente essencial que o aluno comece um estudo um tanto sistemático em Etnologia, Sociologia e História. Como uma introdução a este interessante curso de leitura, o aluno deve explorar lenta e pacientemente essa ilha do tesouro de fatos, essa obra monumental em Etnologia, "A Sociedade Antiga", de Lewis H. Morgan. Um estudo completo e diligente deste clássico é absolutamente imperativo e ajudará muito na compreensão adequada dos períodos subsequentes do desenvolvimento histórico. Recomenda-se agora um estudo das seguintes obras: "*The Ancient Lowly*", de C. Osborne Ward; "*Two Pages from Roman History*", de Daniel De Leon; "*Crises in European History*", por Gustav Bang; "*An Introduction to the Study of the Middle Ages*" e "*Medieval Europe*", por Ephraim Emerton; "*The Middle Ages*", por Henry Hallam; "*History of European Morals*", por William Edward Hartpole Lecky; "*General History of Civilization in Europe*", por François Pierre Guillaume Guizot; "*History of Civilization in England*", por Henry Thomas Buckle; e como leitura complementar "*The Mysteries of the People, or History of a Proletarian Family Across the Ages*", de Eugene Sue, traduzido do francês original por Daniel De Leon. A última obra de Sue nesta série consiste em 21 volumes e é realmente uma história universal em si, retratando a luta de classes como ela se desenrolou ao longo dos tempos e sob os diferentes sistemas sociais. Para um estudo do desenvolvimento social na América, as obras listadas abaixo serão consideradas adequadas; essas obras são escritas por estudiosos bem fundamentados nas teorias do Materialismo Histórico, consequentemente, revelam as verdadeiras forças propulsoras responsáveis e por trás das mudanças sociais neste país: "*American Industrial Evolution from Frontier to Factory*", de Justus Ebert; "*Social Forces in American History*", de A.M. Simons; e "*The Workers in American History*", de James Oneal.

Agora também é necessário que o aluno se familiarize com o início e o crescimento do movimento socialista, um crescimento, no entanto, que nem sempre acompanhou o desenvolvimento do socialismo teórico. Os seguintes clássicos da literatura socialista e documentos históricos devem agora ser lidos criticamente: "O

Manifesto Comunista", de Karl Marx e Friedrich Engels; "Revolução e Contrarrevolução na Alemanha", erroneamente creditada e publicada sob o nome de Karl Marx, mas na verdade escrita por Friedrich Engels; "As Lutas de Classes na França de 1848 a 1850", de Karl Marx; " O 18 de Brumário de Luís Bonaparte", de Karl Marx; e "A Guerra Civil na França" ("A Comuna de Paris"), de Karl Marx. Em conjunto com o anterior, as seguintes obras, tratando principalmente das condições e problemas americanos, podem ser lidas com proveito: *"History of Socialism in the United States"*, de Morris Hillquit; *"Proceedings of the Ninth Convention of the S.L.P.";* *"Proceedings of the Tenth National Convention of the S.L.P., 1900";* *"New Jersey Socialist Unity Conference"; "Flashlights of the Amsterdam Congress",* de Daniel De Leon; *"Launching of the I.W.W.",* por Paul F. Brissenden; e *"Proceedings of the First Convention of the Industrial Workers of the World, Chicago, 1905".*

Completamente equipado com as várias disciplinas e fases que constituem o sistema teórico do marxismo, e também um tanto familiarizado com as várias etapas e períodos do desenvolvimento social, o aluno está agora amplamente preparado para se dedicar ao estudo de obras geralmente consideradas muito pesadas ou "acadêmicas" para o trabalhador despreparado. Essas obras constituem a base da estrutura teórica do marxismo, e seu estudo é, portanto, sinônimo de embeber a filosofia socialista em suas "fontes originais". O primeiro desta classe de trabalhos a ser estudado assiduamente é "Anti-Dühring", de Friedrich Engels. Em conjunto com esta joia inestimável da literatura socialista "Ludwig Feuerbach e o Fim da Filosofia Clássica Alemã", do mesmo autor; e "Crítica da filosofia do direito de Hegel" e "Miséria da Filosofia", de Karl Marx, devem ser lidos; atenção especial sendo dada ao Prefácio da "Crítica". Nesse sentido, *"The Theoretical System of Karl Marx",* de Louis B. Boudin, também servirá como uma leitura complementar muito eficaz e proveitosa.

O próximo e último trabalho a ser retomado neste curso de leitura será o estudo de "O Capital", o chamado fundamento ou trabalho básico da Economia Política Socialista. Antes, no entanto, de iniciar esta tarefa importante e tediosa, o aluno deve fazer algumas leituras preliminares adicionais e ensaiar seus estudos em Economia. Ele deve, por exemplo, reler "Trabalho Assalariado e Capital", "Salário, Preço e Lucro", etc., e particularmente procurar dominar o conteúdo da "Crítica da filosofia do direito de Hegel" de Marx, já mencionada acima. Além disso, a leitura de obras de natureza crítica e mais ou menos polêmica, ocupando-se com as várias fases do marxismo formuladas e fundamentadas em "O Capital", será de grande ajuda para uma compreensão adequada desta obra-prima. Para tanto, recomendam-se como leitura colateral as seguintes brochuras: "*Vulgar Economy*", de Daniel De Leon; "*Marx on Mallock ou Facts versus Fiction*", do mesmo autor; "*Was Marx Wrong?*", Por I.M. Rubinow; e "*Karl Marx e Boehm-Bawerk, Vulgar Economy Illustrated*", por W.H. Emmett.

O estudo de "O Capital" pode agora ser retomado, e neste contexto as seguintes sugestões devem ser observadas. O significado social e histórico deste trabalho foi, creio eu, suficientemente enfatizado e tratado nas palestras adequadas e, portanto, não requer mais elucidação. O que agora é de suma importância para o leitor ou estudante em potencial de "O Capital" é um plano ou curso de procedimento que obtenha os melhores resultados possíveis com o menor dispêndio de energia. Não se pode negar, apesar de todas as afirmações populares, que "O Capital" é para o leitor médio, não acostumado a trabalhos científicos, um volume bastante tedioso e pesado; além disso, que uma leitura indiscriminada e assistemática deste livro não é muito propícia ao espírito e aos esforços futuros do leitor, ou a uma apreciação inteligente da própria obra. Como ressaltado neste artigo antes, na humilde opinião do escritor, um curso EXAUSTIVO de leitura preliminar e estudo é absolutamente essencial, sim, um pré-requisito, para uma compreensão adequada de "O Capital".

Portanto, se classes ou indivíduos, não equipados com o conhecimento mencionado, tão necessário para uma percepção ou compreensão adequada, isto é, despreparados e não treinados para assimilar ou digerir o alimento intelectual oferecido nesta obra monumental, desistem de seus estudos em desespero, então a razão não pode ser atribuída à "forma pesada de apresentação em 'maiúsculo'," mas à preparação insuficiente e incapacidade desses alunos compreenderem a natureza e o modo das investigações e deduções de Marx. No entanto, aqueles que diligentemente seguiram o palestrante por meio de seus discursos e estudaram os livros recomendados neste Esboço, não precisam temer a esse respeito e não terão dificuldades em compreender "O Capital".

Para o estudante que deseja conservar energia, também para os professores, eu sugeriria e recomendaria calorosamente que comecem o estudo do livro "O Capital" não da maneira habitual, mas comecem com a Parte VIII, "A Chamada Acumulação Primitiva". Esta seção trata e descreve graficamente a origem social e econômica do capital e da produção capitalista, e destrói de uma vez por todas o conhecido mito do capital ser o resultado ou fruto da abstinência. Em um estilo poderoso e altamente fascinante, Marx desenrola diante dos olhos do leitor uma imagem que mostra vividamente o nascimento, desenvolvimento e culminação do capitalismo. Aqui temos uma história do estágio capitalista na cadeia interminável do desenvolvimento social, uma história escrita pelo formulador do Materialismo Histórico, e é verdadeiramente uma apresentação pulsando com a vitalidade criativa inerente apenas a argumentos convincentes e irrefutáveis: argumentos correspondendo com os fatos indiscutíveis de dados históricos e eventos. Nesta seção do livro o segredo da acumulação primitiva, a expropriação dos camponeses e sua expropriação do solo, a legislação sangrenta e bárbara contra os expropriados nos séculos XV, XVI e XVII, a gênese do capital agrário e industrial, e as tendências históricas da acumulação capitalista são expostas e analisadas desapaixonadamente; incluindo uma dissecação científica de nossa moderna teoria da colonização - um exame que se mostrará particularmente interessante quando lido à luz da guerra atual.

A fim de refrescar a memória do aluno ao longo das linhas da concepção do Materialismo Histórico, e com o propósito de familiarizá-lo com uma peça brilhante de deste assunto aplicado, ele deve voltar para a Parte IV, e ler assiduamente o Capítulo XV, que trata de Máquinas e Indústria Moderna. Neste capítulo, os seguintes problemas interessantes são abordados: O Desenvolvimento da Maquinaria, O Valor Transferido pela Maquinaria para o Produto, Os Efeitos Proximais da Maquinaria sobre o Trabalhador (Apropriação da Força de Trabalho Suplementar pelo Capital, O Emprego de Mulheres e Crianças, Prolongamento da Jornada de Trabalho, Intensificação do Trabalho), A Fábrica, A Luta entre Operário e Maquinário, A Teoria da Compensação quanto aos Trabalhadores Deslocados por Maquinaria, Repulsão e Atração de Trabalhadores pelo Sistema de Fábrica, Revolução Efetuada na Manufatura, Artesanato e Indústria Doméstica por Indústria Moderna, Atos de Fábrica, etc., e Indústria Moderna e Agricultura.

Conhecendo plenamente a origem, o desenvolvimento e as tendências do capitalismo, bem como o papel histórico por ele assumido no processo de evolução social, o aluno está agora suficientemente equipado para estudar a estrutura econômica e as leis do sistema capitalista de produção. E a esta fase de investigação dedica-se o restante e a maior parte de "O Capital". Tendo digerido trabalhos como "Salário, Preço e Lucro", "A Luta de Classes", "Uma Crítica à Economia Política", etc., o aluno está bem fundamentado e à vontade na terminologia Socialista e científica, também nos elementos de economia marxiana, e não deve, portanto, experimentar nenhuma dificuldade no estudo de tais partes da obra que tratam principalmente da investigação e análise da produção capitalista em sua forma econômica pura.

O primeiro capítulo da Parte I pode ser definido como o alicerce da Economia Socialista. Nas quatro seções que compõem este magistral tratado sobre *commodities*, os princípios básicos e a substância da economia marxista são: estabelecidos. Neste capítulo, assuntos altamente importantes como os dois fatores de uma mercadoria, valor de uso e valor (a substância do valor e a magnitude do valor), o duplo caráter do trabalho incorporado nas mercadorias, A Forma do Valor ou Valor de Troca e O Fetichismo das Mercadorias são submetidos a um exame, as conclusões daí resultantes são elucidadas e formuladas em declarações concisas e deduções precisas. O domínio das primeiras noventa e seis páginas de "O Capital" é, consequentemente, essencial para uma compreensão inteligente dos capítulos restantes do livro; porque tal domínio equipa o aluno com uma faculdade de concepção e diferenciação científica bastante conducente e necessária para um maior progresso; novamente, o fato de estar em casa no labirinto de definições teóricas e complexidades econômicas que constituem a base da economia marxista é em si um recurso inestimável para os futuros trabalhos intelectuais do aluno e implica, sem exagero, um conhecimento dos princípios quintessenciais do marxismo.

Uma vez que o aluno tenha uma concepção correta de termos familiares como riqueza, valor, valor de uso, valor de troca, mercadoria, força de trabalho, mais-valia, capital etc., a parte mais difícil ou mais cansativa da tarefa pode ser considerada realizada. Os capítulos restantes do trabalho podem agora ser retomados e estudados em sua ordem regular, incluindo uma releitura daqueles estudados anteriormente, e o aluno deve, relativamente considerado, não experimentar dificuldades excepcionais em seu trabalho.

Para não poucos leitores, este curso de estudo sem dúvida parecerá pesado e desnecessariamente volumoso. Provavelmente parecerá a muitos como sendo muito "acadêmico", "teórico" e "impraticável". A ausência das obras e tratados populares e atuais sobre o socialismo também pode parecer inexplicável para alguns e ganhar para este curso a reputação de ser muito "científico" ou "ortodoxo". A todas essas críticas antiquadas e bem conhecidas, mas superficiais, e banalidades estereotipadas, o autor tem apenas uma resposta a dar, a saber: que o acima exposto é para ser um curso de Socialismo Marxista, com o objetivo unicamente de dotar os alunos de um conhecimento prático dos fundamentos e elementos básicos da filosofia socialista. Não deve ser um curso nas várias "adaptações" e revisões "práticas" ou abortos do marxismo, popularmente ensinado a um público ingênuo e inocente como socialismo "científico" por um conjunto de faquires políticos inescrupulosos.

Todas as obras listadas e recomendadas neste curso são reconhecidos clássicos do Socialismo, e podem ser consideradas como prova da absoluta supérflua coleção de livros e panfletos publicados sobre este assunto, todos reivindicando ser "exposições populares" do Socialismo e "preenchendo um desejo há muito sentido". A maioria dessas obras contém, geralmente, nada mais do que a baboseira intelectual de um círculo de, em muitos casos, pseudointelectuais bem-intencionados, mas ignorantes, e em outros casos podem ser classificadas como a produção de um conjunto de mercenários sem princípios, que veem em o movimento trabalhista e socialista é um campo lucrativo para a realização de suas ambições pessoais. Portanto, o autor confia sinceramente que o estudo atento e diligente das obras listadas neste curso ajudará a criar uma concepção sólida do marxismo e uma demanda por literatura socialista científica no movimento socialista.

* * *

No ensaio intitulado "Os elementos construtivos do socialismo", o autor tentou combinar o marxismo propriamente dito com as fases táticas e construtivas do socialismo conforme existem no movimento operário moderno e são necessárias ou produzidas pelas forças sociais inerentes ao moderno e pleno. capitalismo inundado. Este ensaio também conclui esta série e pode ser considerado a aplicação prática do marxismo revolucionário ao capitalismo oligárquico e imperialista.

PARTE II
OS ELEMENTOS CONSTRUTIVOS DO SOCIALISMO

CAPÍTULO I

É uma proposição reconhecida e aceita entre os socialistas que o socialismo deriva sua reivindicação de ciência de dois ramos da investigação científica: o primeiro, a economia marxista, é uma dissecação completa e uma crítica profunda da produção capitalista; e a segunda, a Concepção Materialista da História, fornece ao aluno uma teoria para a compreensão e apreciação dos fenômenos históricos ou do desenvolvimento social.

Através da aplicação do método socialista de investigação histórica à evolução social, os vários estágios em constante mudança no complexo desenvolvimento da humanidade assumem uma forma mais distinta, e as forças motrizes e as causas subjacentes a esta cadeia infinita de lutas, transformações e revoluções são estabelecidas nua e exposta ao investigador. Através da utilização adequada da concepção do Materialismo Histórico no estudo do passado e do presente do progresso humano, a história, com seus muitos mistérios quase impenetráveis e estranhos labirintos, deixa de ser um livro fechado para o aluno e se torna uma narrativa vital e interessante, retratando as lutas incessantes das classes ao longo dos tempos: uma luta que encontra o seu ponto culminante na furiosa guerra de classes que grassa entre o capital e o trabalho hoje, e que será definitivamente concluída com a abolição das prerrogativas de classe na propriedade e o estabelecimento do República Industrial. Como afirmado antes, para lançar luz sobre as múltiplas fases do desenvolvimento histórico e, assim, permitir ao investigador apreciar e avaliar de forma inteligente as condições existentes por um conhecimento sólido do passado, também para permitir-lhe ver e penetrar no futuro com a ajuda dos espetáculos científicos, que é o domínio do materialismo histórico, a base da filosofia socialista.

Sobre essa base maciça e imponente, ergue-se o sistema da Economia Socialista, ou, para ser mais exato, da Economia Marxista. A Economia de Marx nada mais é do que uma chave para a compreensão adequada da origem, natureza e culminação do sistema capitalista de produção. A economia marxista fornece ao estudante uma análise completa das leis que sustentam a produção atual; apontam as causas das diversas manifestações industriais e também expõem e formulam as tendências inerentes a essas potencialidades econômicas. Assim, a gênese do lucro, juros, aluguel, desemprego, pânico, competição e guerras é facilmente verificada com a ajuda do sistema marxista de pesquisa econômica. Para uma concepção científica do capitalismo, portanto, o estudo da Economia Socialista é indispensável. E sem um conhecimento sólido da produção capitalista, nenhuma atividade socialista efetiva, econômica ou política, é possível.

A concepção materialista da história e a economia marxista, ou seja, "a concepção socialista do desenvolvimento histórico mais a análise socialista da produção capitalista, esses dois sistemas teóricos são os pilares intelectuais sobre os quais repousa o movimento socialista - eles simbolizam o alicerce da ciência socialista. na proporção em que o movimento socialista se organiza e se desenvolve de acordo com os ditames que fluem de uma assimilação adequada desses princípios, nessa proporção ele se tornará um movimento socialista e possuirá as vitalidades revolucionárias e construtivas tão peculiares a um movimento com consciência de classe, e vice-versa. Portanto, a força do movimento socialista deve ser necessariamente encontrada em uma compreensão sólida e abrangente de seus princípios e objetivos pelas bases. Sem essa compreensão, nenhuma ação inteligente é possível, e nenhuma opinião responsável pode ser emitida ou uma decisão tomada. Consequentemente, familiaridade com os fundamentos do Socialista a filosofia é um pré-requisito imperativo para uma concepção competente dos problemas do partido e também para a compreensão adequada das táticas socialistas.

A questão das tácticas socialistas pertence ao Departamento Construtivo do Socialismo. É uma questão que é geralmente levantada de má vontade e, na sua maioria, considerada não merecedora de discussão séria. Para muitos socialistas, e eles são geralmente do calibre que não dominaram os pré-requisitos fundamentais sublinhados acima, as tácticas do movimento socialista não são determinadas pelos esforços conscientes dos socialistas, mas são mais ou menos os produtos do acaso. E quando estudamos as tácticas utilizadas pelas diferentes organizações estatais e locais do Partido Socialista neste país, e notamos as diferentes concepções responsáveis pelas mesmas - concepções que, em muitos casos, vão tão longe como o dia e a noite - então temos de concluir: que este caldeirão de tácticas só é concebível e possível numa organização cujos membros ainda não desenvolveram qualquer unidade de opinião quanto ao objetivo e missão histórica do Socialismo.

Uma concepção adequada do significado social do Capitalismo, aliada a um conhecimento da estrutura económica ou da produção capitalista, é susceptível de equipar cada trabalhador com uma compreensão adequada do papel desempenhado, ou a ser desempenhado, pelo movimento socialista na sociedade atual. Tal compreensão estimulará necessariamente e instintivamente a imaginação, e criará uma visão do objetivo do movimento socialista na mente de cada proletário. O papel e estatuto históricos, e o objetivo do movimento socialista a ser dado, a determinação das tácticas e métodos adequados a serem empregues na luta pela liberdade industrial torna-se agora imperativa e uma questão candente.

* * *

O Departamento Construtivo do Socialismo é o ramo da filosofia socialista que se preocupa com os métodos e formas de organização a serem empregados pelos trabalhadores em sua luta contra os exploradores da República Industrial. É o suplemento lógico para os dois sistemas teóricos mencionados acima; Economia marxiana e materialismo histórico enfatizando a necessidade e a base histórica do socialismo, e o socialismo construtivo apontando o método para sua realização. Esta fase construtiva do socialismo é na realidade o elemento mais importante da filosofia socialista, porque o desenvolvimento e o sucesso do proletariado com consciência de classe na verdade dependem de sua organização apropriada e da correta interpretação tática e aplicação dos princípios socialistas.

Sem a devida apreciação do objetivo socialista e a adoção das táticas daí resultantes, nenhuma vitória decisiva para a classe trabalhadora é possível - nenhuma vitória para o socialismo pode ser obtida. A tática, a natureza e a forma de organização do movimento socialista podem, portanto, ser definidas como as ferramentas da classe trabalhadora absolutamente essenciais para a ereção da República Industrial. Determinar e definir esses métodos e formas de organização proletária é, consequentemente, sinônimo de lançar as bases teóricas da Comunidade Socialista.

A economia marxista enfatiza claramente que o sistema capitalista somente desaparecerá com a abolição da propriedade privada dos meios de produção. Isso proclama a necessidade da revolução industrial. A base do capitalismo é a propriedade privada, consequentemente, a base do socialismo, sua antítese, só pode ser a propriedade social; como pode ser visto prontamente - um exclui o outro, e o domínio de um implica a subjugação do outro. A revolução industrial ou movimento pela revolução industrial, pode, portanto, projetar apenas uma demanda e esta é a socialização da indústria e de todas as agências de produção. Tal demanda, entretanto, não está apenas de acordo com as tendências e ditames da evolução social, mas também expressa ao mesmo tempo os interesses de classe específicos do proletariado e, portanto, só pode emanar dessa camada social. A demanda da evolução social, de quem é serva obediente a classe operária, é uma demanda em guerra com os interesses básicos da classe capitalista. A classe operária, como agente da evolução social, e a classe capitalista, como obstáculo no caminho do progresso econômico, nada têm, portanto, em comum. Essa diferença fundamental de interesses, funções e destinos históricos alimenta o antagonismo de classes e a luta pelo poder.

O capitalismo de hoje está fortemente fortalecido por trás de baluartes econômicos e políticos. Em virtude de seus poderes industriais, ela tem a humanidade em todo o mundo na garganta. Desalojar o capitalismo desta posição poderosa, e assim lançar a pedra angular da Comunidade Socialista, é a augusta missão do Socialismo Construtivo.

Nesta luta entre a classe capitalista e o proletariado, este último, estando na posição de agressor, está naturalmente em desvantagem. É uma desvantagem, porém, que obriga a um levantamento do campo de batalha pelos trabalhadores, cujos resultados contêm a solução para o problema de como superar e eliminar esse obstáculo. Este levantamento da posição econômica, política e social da classe capitalista revela que o poder básico ou influência desta classe não reside, como tantas vezes erroneamente assumido, em sua dominação política ou controle do governo, mas em seu domínio econômico sobre sociedade. A história ensina e ilustra abundantemente: que a classe que controla os recursos econômicos da sociedade em um determinado período também é a classe que exerce controle prático sobre a sociedade política, ou seja, sobre a própria sociedade. A história justifica a afirmação de que a vida econômica da sociedade, a forma de propriedade e os métodos de produção e troca existentes em um determinado estágio de desenvolvimento social, é o fator determinante, a forma preponderante, que determina, influencia e molda todas as outras éticas, morais, intelectual e político, em suma - fases culturais da vida.

Um estudo casual dos períodos da Antiga Escravidão, Feudalismo e Capitalismo servirá para ilustrar de forma convincente essa controvérsia. Tal estudo revelará que as raízes da escravidão repousavam no domínio absoluto de um povo por outro; que a escravidão e exploração de um povo por Roma só foi possível graças aos recursos econômicos superiores e bem-organizados e aos disciplinados exércitos dos conquistadores. A base econômica de Roma foi baseada na escravidão organizada; e até mesmo o período clássico de Cartas e Arte na Grécia e Roma, aquele período de esplendor ainda não eclipsado, foi criado nas costas de escravos. Com a decadência e queda da escravidão, o esplendor maravilhoso e o poder político e militar de Roma também entraram em colapso. As mesmas tendências também são detectáveis ao examinar o feudalismo. Aqui notamos o poder ilimitado de controle social investido na mesma feudalidade, que por meio de sua propriedade ou posse da terra - o então principal agente de produção - exerceu influência praticamente indivisa sobre cada detalhe da vida de seus súditos.

Em virtude desse controle econômico - propriedade da terra - o senhor feudal foi realmente elevado à posição de árbitro sobre a vida, felicidade e prosperidade de seus servos: Ele segurou seus destinos na palma da mão, porque monopolizou o meio de vida -a terra. E quando fazemos uma investigação do capitalismo, o papel muito preponderante desempenhado pelo elemento econômico do poder dos capitalistas na sociedade atual é facilmente discernível. Aqui, somos obrigados a admitir que as divisões de classe de hoje, semelhantes às de outrora, são fundamentalmente econômicas ou de propriedade. Além disso, que a influência de uma classe não é medida pelo grau de sua produtividade, ou pela proporção de seu trabalho para o bem-estar social etc., mas principalmente pelo poder econômico em seu controle. Para ilustrar, na sociedade de hoje, as dimensões quase ilimitadas e colossais das faculdades produtivas dos trabalhadores são facilmente reconhecidas e reconhecidas por todos. Ao mesmo tempo, é bem conhecido o papel relativamente insignificante e secundário desempenhado pelos capitalistas neste processo industrial. Se a influência social e política fosse distribuída em proporção ao valor de uso econômico de uma classe, então o proletariado certamente seria a classe dominante na sociedade e os capitalistas ocupariam uma posição insignificante.

O contrário, sendo o caso, prova conclusivamente que a influência política e social não é fruto do serviço social, mas o produto, como foi o caso nos séculos anteriores, do poder econômico de alguma forma ou forma. O poder econômico da classe capitalista, poder ao qual a grande maioria da população é obrigada a homenagear, não está alojado apenas na propriedade privada da terra, como no caso do feudalismo, mas na propriedade privada de todos os instrumentos e agências de produção de riqueza. O título de propriedade privada dos meios necessários à vida e prosperidade de uma nação, investido em uma minoria numericamente insignificante, dá a essa minoria um controle ilimitado sobre o bem-estar e a felicidade de um povo. Aqui temos a fonte do poder capitalista - a gênese do significado social e político da classe capitalista. O título de propriedade privada dos meios de produção é a pedra angular da influência social dos capitalistas - o gerador de todas as formas de poder capitalista.

Romper esta base da classe capitalista pode capturar esta fortaleza do despotismo industrial no interesse dos trabalhadores, deve, portanto, ser o único grande objetivo do Socialismo Construtivo. A destruição do poder econômico da classe capitalista, é claro, também significa o colapso de seu domínio político, juntamente com a posição social ocupada por essa classe, e anuncia o início da revolução social e a elevação de todos os produtores da sociedade ao governo da sociedade. A questão de como organizar as forças proletárias para este importante e gigantesco objeto; como criar o poder tão essencial na classe trabalhadora; esta questão está agora em ordem, e sua solução adequada forma a quintessência do Socialismo Construtivo - a base para táticas socialistas científicas e ação efetiva.

* * *

É um truísmo reconhecido que a pressão gera pressão e que pode gerar força. Além disso, deve-se reconhecer o fato inevitável de que os meios e táticas de guerra do agressor, neste caso o proletariado, são amplamente dependentes e determinados pela posição estratégica e métodos gerais empregados pelo inimigo, a classe capitalista. Um estudo da posição social da classe capitalista já nos revelou que as raízes do poder dos exploradores na sociedade estão em seu controle econômico dos meios de produção socialmente necessários. A posse dessa cidadela econômica confere uma força ou poder à classe capitalista de alcance fenomenal e apenas explicável pela absoluta indispensabilidade desses recursos econômicos para a sociedade. Para capturar esta posição da classe capitalista; enfrentar o poder econômico dos plutocratas com um poder econômico superior dos trabalhadores, esse é o próximo passo lógico nesta luta gigantesca.

O poder econômico, como foi suficientemente ilustrado nas páginas anteriores, é a fonte de todas as outras formas de influência social; portanto, o poder econômico pode ser definido corretamente como o elemento básico do poder social. Consequentemente, se uma classe busca ascender à dominação política, busca capturar as instituições governamentais de uma nação, em suma, busca alcançar o controle da sociedade, ela deve primeiro predicar suas ambições e demandas sobre uma estrutura sólida de poder econômico organizado. Demandas e movimentos não tão fortificados estão, de início, condenados ao fracasso e derrota vergonhosa. Esta dedução aplica-se particularmente à luta do proletariado contra a classe exploradora.

Em nossa investigação, definimos claramente a sede do poder econômico dos capitalistas e, portanto, apreciamos plenamente o significado e a fonte da influência política e social exercida por essa classe na sociedade. Sabemos que o título de propriedade privada dos meios de produção, investido na classe capitalista, está na base de tudo. Diante de uma força tão poderosa, que forma de poder econômico a classe trabalhadora pode se organizar para ser capaz de superar e obliterar as prerrogativas de propriedade do capitalismo?

Temos plena consciência de que todas as classes dominantes no passado basearam ou estabeleceram sua supremacia social em alguma forma de propriedade, ou seja, em alguma prerrogativa de propriedade. Os patrícios de Roma consideravam o nascimento e a posse de terras, gado e uma multidão de escravos uma recomendação adequada para governar; o senhor feudal impulsionou sua era do punho armado com o controle absoluto da terra; e o capitalista está na posse indiscutível do navio do Estado, em virtude de seu controle absoluto sobre todas as agências de produção da sociedade. A classe trabalhadora, reunindo suas forças para lutar contra os defensores e mantenedores do sistema atual, encontra-se a única classe na longa cadeia de desenvolvimento social que busca adquirir a supremacia econômica e política na sociedade sem possuir ou tentar fortificá-la. supremacia com alguma prerrogativa de propriedade.

A classe trabalhadora, estando sem ferramentas e despojada de todos os vestígios de propriedade, não pode organizar suas forças econômicas ao longo das linhas de propriedade. O poder econômico do proletariado não reside, como é e tem sido o caso com todas as classes dominantes parasitas, no poder de propriedade, mas no poder de produção: não em sua indispensabilidade problemática como classe possuidora, mas em sua realidade. indispensabilidade como classe produtora. As faculdades produtivas físicas e intelectuais da classe trabalhadora constituem a base da sociedade atual e simbolizam o sangue pulsante de nosso organismo social. Logo, essas faculdades se organizaram com base na consciência de classe e de acordo com os ditames do desenvolvimento econômico; em outras palavras, essas forças produtivas físicas e intelectuais dos trabalhadores organizadas no interesse do proletariado representam e formam a estrutura do poder econômico da classe trabalhadora.

Como, pode ser facilmente visto, a sede do poder da classe trabalhadora, diferente daquela das classes dominantes anteriores, não reside na usurpação e na posse de direitos e propriedade respectivamente, mas na consciência da indispensabilidade do proletariado como agente produtivo - em a consciência de ser a classe trabalhadora.

Essa consciência de classe dos trabalhadores é a geradora do poder econômico do proletariado. Reconhecendo a indispensabilidade econômica dos trabalhadores no processo de produção, e assim apreciando o papel desempenhado pelo proletariado na manutenção da sociedade, agora é uma questão simples para o trabalhador com consciência de classe traduzir essas concepções em formas adequadas de organização.

A produção é a origem e o elemento mantenedor da vida social; a produção também é realizada exclusivamente pelos trabalhadores; além disso, a exploração ou apropriação da mais-valia também ocorre no ponto de produção; e, de novo, sendo o ponto de produção também a sede do poder econômico dos capitalistas, segue-se logicamente que a organização de classe dos trabalhadores primeiro mobilizará e organizará suas forças neste ponto. A organização dos trabalhadores em linhas de consciência de classe no ponto de produção é sinônimo de criar e desenvolver o poder econômico do proletariado. Por conseguinte, esse poder aumenta à medida que aumenta a consciência de classe entre os trabalhadores, e suas organizações econômicas e políticas crescerão na mesma proporção.

Resumindo: O poder econômico do trabalhador não reside em alguma forma de propriedade ou prerrogativa de propriedade, como é o caso dos capitalistas, mas no reconhecimento de sua condição de trabalhador, no reconhecimento de seu valor econômico ou indispensabilidade - em sua consciência de classe. Para se afirmar com eficácia, essa consciência de classe deve assumir certas formas organizadas no campo industrial e também no político, ou seja, deve expressar-se de acordo com as exigências do desenvolvimento capitalista em particular e da evolução social em geral. Essa fase do problema será tratada na segunda parte deste artigo.

CAPÍTULO II

Na primeira parte deste artigo, foi feito um exame detalhado da posição ou status social e econômico das duas classes principais na sociedade atual. Esta investigação, acreditamos, nos revelou claramente as funções econômicas desempenhadas pelas diferentes classes sociais; desse modo, também expondo as fontes ou a sede de seu respectivo poder social. Podemos pelo menos nos aventurar a afirmar que ele trouxe para casa o truísmo tão importante de que toda influência política ou social exercida por uma categoria social em um determinado período histórico é apenas um reflexo de sua influência econômica ou poder, ou seja, aquele poder político ou governamental o controle não conquista e cimenta a supremacia industrial e a hegemonia de uma classe, mas, ao contrário, que a supremacia industrial de uma classe também deve, em última instância, assegurar o poder político e a dominação governamental a ela.

O reconhecimento adequado desse fato pelo proletariado - um fato que pode ser amplamente comprovado por exemplos históricos e sociológicos - acabará por obrigar esta classe a organizar e conduzir sua luta contra o capitalismo de acordo. Isso implica ainda que a apreciação apropriada desta proposição fundamental irá, doravante, fazer com que os trabalhadores com consciência de classe concentrem suas energias na organização de seu poder econômico; e esta tentativa irá novamente animá-los a buscar estabelecer a fonte original desta força potencial na classe trabalhadora.

Em nosso último artigo enfatizamos que o poder econômico dos trabalhadores não repousava em alguma forma de propriedade ou prerrogativa de propriedade, como é e era o caso com todas as classes dominantes anteriores, mas no reconhecimento de seu status proletário, no reconhecimento de seu valor econômico ou indispensabilidade - em sua consciência de classe. Desta dedução segue-se que a influência ou poder econômico e social do proletariado não se encontra, como tantas vezes erroneamente afirmado, na forma ou função particular de uma organização, mas em seu espírito e composição teórica. Não a forma ou as funções específicas afetarão e determinarão os princípios de uma organização, mas os princípios determinarão a forma e as funções.

Portanto, não se pode sublinhar com demasiada ênfase que o poder do proletariado não reside, em última análise, na forma ou na estrutura, mas no espírito de uma organização. Consequentemente, quando certos socialistas atribuem vitalidade revolucionária e poder criativo ao Sindicalismo Industrial como Sindicalismo Industrial sem qualificá-lo com a palavra Socialista, então eles cometem precisamente o mesmo erro em que certos políticos puros e simples caem, quando procuram "organizar as massas em um grande partido político" e em sua ansiedade pelo sucesso esquecem e ignoram inteiramente o caráter socialista da organização. Em primeiro lugar, não é a questão de saber se os trabalhadores estão organizados no campo econômico ao longo de linhas artesanais ou industriais, porque temos ambas as formas de organização existentes agora (ver Alemanha e América para exemplos clássicos); nem, se os trabalhadores se engajam em política independente, tal política tendo sido conduzida por anos pelos chamados movimentos de reforma liberal e supostos partidos "socialistas"; mas se a atividade econômica e política é uma atividade socialista: se o sindicato industrial é uma união com consciência de classe; e se o partido político socialista é uma organização verdadeiramente da classe trabalhadora.

A medida com a qual estabelecer o status de uma organização dos trabalhadores foi fornecida em nosso artigo anterior e pode ser encontrada na concepção da organização do capitalismo e a consequente interpretação da luta de classes dele resultante. Para um socialista revolucionário, apenas tal organização é considerada com consciência de classe, que afirma inequivocamente a incapacidade dos trabalhadores de melhorar suas condições econômicas e sociais sob o capitalismo de forma permanente e convida os trabalhadores a mobilizar suas forças no campo econômico e político sob a bandeira de não paliação ou reforma, mas revolução. Organizações, portanto, que dedicam seus principais esforços para atenuar os efeitos e a propagação de reformas, mesmo que "em última instância" afirmando e "exigindo" o socialismo, não podem ser consideradas organizações com consciência de classe e são na realidade um obstáculo maior para a formação de um verdadeiro exército proletário da revolução do que todas as trapaças, despotismo econômico e prerrogativas sociais e culturais da classe capitalista combinadas.

A ação socialista com consciência de classe só pode ser o produto de uma concepção científica da produção capitalista, de uma interpretação marxista dos fenômenos econômicos e sociais, e pode, em decorrência, ter apenas um certo significado para a classe trabalhadora. Portanto, não pode significar uma coisa para um trabalhador e outra coisa para outro. Também será admitido que certas premissas científicas e um modo científico de investigação fornecem certas deduções, que novamente prescreverão ou determinarão um modo definido de ação. O modo de ação ou tática de um movimento com consciência de classe, como pode ser facilmente deduzido do anterior, não são, portanto, fruto da "conveniência" ou do acaso, mas o produto da clareza teórica e da percepção científica.

Sendo assim, o departamento tático do movimento socialista está, consequentemente, inseparavelmente ligado ao sistema teórico do socialismo, sendo na realidade uma parte integrante desse sistema. Portanto, clareza tática e eficiência em um movimento socialista só podem fluir da clareza teórica; uma solidez na consciência científica e profundidade sendo o pai da consciência de classe, e a consciência de classe novamente dando origem à ação de classe efetiva - o dínamo dos movimentos de classe.

Tendo estabelecido a fonte original do poder da classe trabalhadora, e sabendo que ela repousa na consciência do trabalhador pertinente à sua indispensabilidade econômica, é agora uma proposição bastante simples formular um programa tático para a organização desse poder industrial. Antes de prosseguirmos com esta tarefa, porém, é imperativo reafirmar em suma o objetivo ou a finalidade da luta proletária.

Este objetivo, como enfatizado antes, é determinado primeiro pela análise socialista da produção capitalista e, em segundo lugar, pela devida apreciação com o auxílio da concepção do Materialismo Histórico do papel histórico atribuído à classe trabalhadora no período de evolução. Da aplicação do materialismo histórico e da economia marxista ao desenvolvimento social em geral e ao capitalismo em particular, somos compelidos a concluir que a causa básica da miséria dos trabalhadores e a fonte original de todas as demarcações de classe existentes na sociedade atual, e os inúmeros efeitos daí resultantes encontram-se na propriedade capitalista ou privada dos instrumentos de produção de riqueza socialmente produzidos e operados; e que, em resultado, enquanto a antítese fundamental entre a produção social e a apropriação individual continuar a existir, as múltiplas outras contradições econômicas e políticas naturalmente continuarão a florescer.

O objetivo imediato e último do movimento socialista deve, portanto, concentrar-se e organizar-se em torno da demanda pela abolição da propriedade privada dos instrumentos de produção socialmente necessários (incluindo toda a terra), ou seja, deve mobilizar suas forças para a destruição da mercadoria. a posição na força de trabalho e a inauguração da República Industrial. Consequentemente, nesta data tardia do desenvolvimento capitalista, neste período de turbulência social e capitalismo de pleno direito, a única demanda, digna de apoio irrestrito da classe trabalhadora, é aquela que exige a rendição incondicional da classe capitalista - a Comunidade Socialista, nada menos nem mais. Com esta demanda como o único objetivo imediato e último a lutar, com a revolução social como o objetivo anterior, o movimento socialista não pode deixar de ser um movimento verdadeiramente revolucionário, e deve necessariamente formular táticas tão revolucionárias quanto o objetivo que deu à luz a eles.

Vimos do que precede que o poder econômico dos trabalhadores adormece em sua consciência de classe; além disso, essa consciência de classe só pode ser efetivamente despertada e criada nos proletários com a ajuda da educação socialista baseada em um objetivo socialista ou revolucionário. Portanto, toda a chamada "propaganda socialista" e atividade não baseada em tal objetivo, ou promovendo-a como a "demanda final", e defendendo como "demandas imediatas" uma sequência interminável de paliativos ou reformas, não pode ser considerada como atividade socialista, e os adeptos e votos obtidos por meio de tal propaganda não podem ser considerados adeptos ou votos com consciência de classe. O objetivo socialista deve, em efeito, ser zelosamente guardado e mantido intacto pelo movimento socialista e não pode ser sacrificado às aspirações de charlatães políticos ou charlatães. A questão de que forma orgânica é esse poder econômico, essa consciência de classe proletária, a assumir em sua batalha contra o poder econômico da classe capitalista está agora em ordem, e será assumida de uma forma tão detalhada quanto o espaço limitado em nossas licenças de descarte.

Como uma introdução a esta fase do Socialismo Construtivo, desejamos afirmar a necessidade de utilizar ambas as alas, de praticar tanto a ação política quanto a industrial na condução da guerra de classes. Admitindo a imperatividade de ambos, resta agora estabelecer a função de cada um e sua importância relativa na preparação e realização do ato de emancipação.

Examinaremos primeiro a função desempenhada pela política na luta de classes. Agora é geralmente reconhecido que a existência de uma luta política pressupõe a existência de uma luta econômica: ou seja, que as diferenças e antagonismos políticos têm sua origem nas diferenças econômicas etc. Portanto, toda luta política é fundamentalmente uma luta econômica; e a erradicação da luta industrial das classes significa, logo, a erradicação da política. A existência de partidos políticos e de uma vida política em geral baseia-se na existência de classes, que novamente têm suas raízes nas peculiares prerrogativas de propriedade inerentes ao sistema econômico de um determinado período histórico. Com o desaparecimento das classes econômicas, as classes sociais e políticas também desaparecerão.

Portanto, como afirmado antes, a abolição de todas as prerrogativas de propriedade na vida econômica pelos trabalhadores socialistas também implica a abolição de todas as diferenças políticas e a cessação automática da luta política. A luta política, levada a cabo pelos trabalhadores com consciência de classe e perseguindo apenas um objetivo, pode, portanto, ser utilizada e explorada pelo proletariado com um único propósito: a abolição do capitalismo. Ao usar o braço político dessa maneira, a vitória política dos trabalhadores será naturalmente sinônimo de abolição da política - abolição das classes. Assim, a luta política é travada pelos trabalhadores para realizar a propaganda socialista revolucionária. Esta luta tem, no entanto, uma função puramente destrutiva, porque uma vitória política geral do socialismo significa a queda do governo político e o advento da República Industrial, uma sociedade sem classes e antagonismos políticos. A possibilidade de uma vitória socialista tão decisiva, entretanto, pressupõe a existência de certas organizações industriais do proletariado necessárias, em primeiro lugar, para conferir poder à demanda política e, em segundo lugar, para realizar o ato de socialização. E isso nos leva à função desempenhada pela ação industrial na luta de classes.

Sabemos que o poder econômico dos trabalhadores está na consciência de sua indispensabilidade econômica como agentes produtivos. Organizar esta indispensabilidade econômica no ponto de produção segundo linhas de consciência de classe e de acordo com os ditames da evolução econômica moderna é, como já foi dito antes, portanto, uma exigência urgente do momento e a par com a geração e acumulação da vitalidade econômica proletária. A organização socialista com consciência de classe no ponto de produção, isto é, nas indústrias, entretanto, é essencial por uma dupla razão e deve ser realizada de uma maneira definida.

Em primeiro lugar, tal organização ou União Industrial Socialista é uma expressão organizada da consciência de classe do proletariado em uma certa indústria. Essa expressão organizada anuncia à sociedade que as instalações produtivas dessa indústria particular não são apenas operadas socialmente, mas também sob o controle dos trabalhadores socialistas, que aguardam apenas o sinal para complementar a produção social com propriedade social. É claro que a forma de tal organização também deve estar de acordo com os requisitos da evolução econômica; e ser o produto de trabalhadores com consciência de classe está fadado a estar de acordo com uma concepção científica da produção capitalista. Tal concepção mostra claramente a insuficiência e a antiguidade da forma artesanal de sindicalismo, uma forma absolutamente desarticulada do caráter altamente centralizado da indústria capitalista.

O materialista histórico, e todo socialista científico é um materialista histórico, constrói e adapta sua organização para atender às demandas das exigências sociais. Ele estuda as condições econômicas e sociais com o objetivo de empregar os conhecimentos daí obtidos para melhorar a posição da classe trabalhadora em sua luta pela emancipação. Portanto, quando o materialista histórico enfatiza a necessidade de organizar os trabalhadores segundo as linhas do sindicalismo industrial socialista, seu apelo se baseia em certas percepções sólidas. A razão do caráter de classe de toda forma de organização proletária foi suficientemente sublinhada e não é mais necessário insistir nela. O que agora deve ser mostrado é a necessidade dessa forma particular de sindicalismo: a necessidade do sindicalismo industrial.

O sindicalismo industrial, como todas as formas anteriores de organização econômica que o precedeu, é apenas um produto do caráter particular das indústrias das quais ele emanou. A forma de produção complexa e centralizada, que deu origem ao Sindicalismo Industrial, pode novamente, por um lado, ser atribuída à concentração da riqueza em cada vez menos mãos e, por outro, a um caráter social cada vez maior das máquinas ou instrumentos de produção. A luta competitiva com seu processo de eliminação e as descobertas e invenções no campo da evolução mecânica e econômica são responsáveis pelo caráter altamente corporativo e às vezes monopolista das indústrias, e deram o golpe mortal na pequena produção e também em todas as formas de organização artesanal a ela ligada. O sindicalismo industrial é, portanto, apenas um reflexo da produção capitalista industrializada (entenda-se altamente centralizada) e, como tal, apenas um servo obediente da evolução econômica. Portanto, esperar que a consciência de classe do proletariado assuma qualquer outra forma de expressão orgânica no campo industrial que não a do sindicalismo industrial seria esperar que o impossível fosse possível, ou que os observadores atentos seriam cegos.

A União Industrial Socialista, como expressão organizada da indispensabilidade econômica proletária no campo industrial, cumpre duas funções na luta atual. Para além de fomentar a luta quotidiana dos trabalhadores contra a exploração, uma luta travada distintamente com vista à abolição da exploração e que é, à semelhança da luta política socialista, puramente destrutiva, a União Industrial Socialista desempenha também uma função construtiva de grande importância. Esta função construtiva consiste em organizar as faculdades produtivas dos trabalhadores não só de acordo com as exigências da produção capitalista altamente socializada, mas também de acordo com as exigências da produção socialista em formação. É um axioma do materialismo histórico que a casca de cada nova sociedade se desenvolve dentro do ventre da velha. Também sabemos que os elementos sociais na produção capitalista simbolizam as etapas de formação de uma nova ordem econômica.

No entanto, uma organização com consciência de classe ao longo das linhas de produção social altamente centralizada e verdadeiramente manifestando o poder econômico dos trabalhadores, faz mais do que dar expressão social a esses estágios de formação - ela realmente simboliza a estrutura futura da República Industrial no processo de formação. Portanto, na mesma proporção em que se desenvolve o movimento da União Industrial Socialista, justamente nesse grau diminui o poder econômico e político da classe capitalista e aumenta o poder econômico e político dos Trabalhadores. O crescimento do Movimento Socialista da União Industrial significa a destruição cada vez mais rápida da produção capitalista, por um lado, e a organização cada vez mais eficiente da produção socialista, por outro. Ao poder econômico investido na União Industrial Socialista, a evolução histórica conferiu, consequentemente, dois deveres: o primeiro, ser o poder econômico organizado por trás do objetivo revolucionário do proletariado - servir como broquel e espada da revolução social; o segundo, assegurar e organizar os frutos da revolução - tomar e manter as indústrias no interesse da República Industrial. Na primeira qualidade, atua como agente e executor do partido político Socialista e, na segunda, funciona como a administração produtiva organizada da

República Industrial.

Concluindo, queremos enfatizar novamente que o poder econômico e social do proletariado não se baseia em uma certa forma de organização econômica, como por exemplo o sindicalismo industrial; além disso, que as fases estruturais ou orgânicas nunca podem conferir poder a uma organização; mas que esse poder econômico está alojado na consciência de classe dos trabalhadores; no entanto, essa consciência de classe só pode ser derivada de uma concepção socialista do capitalismo, que mais uma vez transmite aos trabalhadores os elementos construtivos do socialismo, delineando claramente as funções da ação política socialista revolucionária e do sindicalismo industrial socialista. Em consequência, um trabalhador pode ser sindicalista industrial sem ser socialista, mas não pode ser socialista sem ser sindicalista industrial. O sindicalismo industrial, para ser eficaz e revelar o significado histórico a ele atribuído acima, deve, portanto, ser plantado diretamente nos princípios socialistas e ser vitalizado pelas forças dinâmicas da consciência de classe.

A defesa de princípios socialistas intransigentes é, em decorrência, uma exigência fundamental para toda agitação socialista. Essa propaganda socialista pode girar em torno de apenas uma demanda - o socialismo lutando e repudiando todas as outras agitações e princípios como reacionários ou capitalistas.